tredition®
www.tredition.de

AF383329

Theologia Traka

Interkulturelle Wechselwirkungen

Die literarische Verarbeitung des abenteuerlichen Lebens von Alfons Hochhauser

www.tredition.de

Verlag: tredition GmbH, Hamburg

ISBN
Paperback: 978-3-7345-8053-6
Hardcover: 978-3-7345-8054-3

Printed in Germany

Theologia Traka

Interkulturelle Wechselwirkungen

Theologia Traka

Interkulturelle Wechselwirkungen.

Die literarische Verarbeitung des abenteuerlichen Lebens von Alfons Hochhauser durch den deutschen Schriftsteller Werner Helwig und den griechischen Autor Kostas Akrivos.

Zeichnung von Klaus Konrad Knopp

Vorbemerkung

Während mein Mann im Jahre 2011 den Roman von Kostas Akrivos über das Leben von Alfons Hochhauser übersetzte, eröffnete sich mir eine neue, bisher unbekannte Welt, die Welt der deutschen Jugendbewegung vor und nach dem Ersten Weltkrieg. In Begegnungen und Gesprächen auf der Burg Ludwigstein, wo sich das Archiv und die Forschungsstelle für die deutsche Jugendbewegung befinden, wurde mir die kulturelle und gesellschaftliche Relevanz dieser Bewegung vermittelt. In Gesprächen mit wichtigen Forschern auf diesem Gebiet, wie den Professoren Klönne und Reulecke, entstand in mir der Gedanke, mich mit dieser Thematik auch wissenschaftlich, zu beschäftigen. Da ich väterlicherseits aus dem Pilion stamme, lag nichts näher, als mich mit Alfons Hochhauser und der literarischen Verarbeitung seines Lebens zu beschäftigen, da er mit seinem abenteuerlichen Leben im Pilion in den 20er und 30er Jahren, und später nach dem Zweiten Weltkrieg, ein echter Repräsentant dieser Jugendbewegung ist, der zudem von dem jugendbewegten Schriftsteller Werner Helwig literarisch dargestellt wurde. Auf den Spuren von Helwig und Hochhauser durchwandern seit Jahrzehnten Jugendgruppen und auch Ältere den Pilion. Der verstorbene Kollege Klaus Konrad Knopp gehörte auch zu diesem Personenkreis. Im Anhang dokumentieren wir einige Auszüge aus dem Tagebuch seiner Griechenlandfahrt 1958. Für den nächsten Sommer bereiten wir ein Forschungsprojekt in Zusammenarbeit mit der Forschungsstelle der Burg Ludwigstein vor. Wir wollen untersuchen, wie heute die einheimische Bevölkerung des Pilion Alfons Hochhauser und die Wandergruppen, die auf seinen Spuren, die von Werner Helwig und Kostas Akrivos literarisch verarbeitet worden sind, wahrnehmen. Wir wollen damit die interkulturelle Dimension, die wir mit der vorliegenden Studie begonnen haben, fortsetzen.

Inhaltsverzeichnis

Einleitung

Neue soziale und politische Bewegungen, die alte verkrustete gesellschaftliche Strukturen aufbrechen und verändern wollen, schaffen neue Orientierungssysteme und Sichtweisen auf die gesellschaftliche Wirklichkeit. Während der Befreiungskriege entwickelten sich im deutschsprachigen Raum mit dem erwachenden Nationalgefühl neue Sichtweisen auf andere Länder und Kulturen. Nach den für breite Teile der Bevölkerungen enttäuschenden Ergebnissen des Wiener Kongresses, bildete sich im neugeschaffenen „Deutschen Bund", dem losen Staatenbund der Monarchen und Fürsten, Unmut, Protest und Widerstand. Unter diesem Vorzeichen blickte die deutsche Öffentlichkeit mit Sympathie auf nationale Erhebungen im Ausland. Der erste Aufstand nach dem Wiener Kongress, der Kampf der Griechen um ihre nationale Unabhängigkeit, der 1821 ausbrach, rief eine Welle der Sympathie und Solidarität in den Ländern des Deutschen Bundes hervor. Das Griechenlandbild veränderte sich radikal, Griechenland war nicht mehr das «Arkadien», das eine kleine Schicht von der Klassik inspirierter Bildungsbürger mit der «Seele» (Goethe) suchte, sondern der Ort, wo ein Volk um seine nationale Unabhängigkeit und Freiheit gegen ein mächtiges tyrannisches Reich kämpfte.

Unter diesen Bedingungen verändert sich, wie gesagt, das traditionelle Griechenlandbild bzw. der Griechenlanddiskurs. Unter Diskurs verstehen in diesem Zusammenhang, dass das Wissen und die soziale Wirklichkeit Ergebnisse gesellschaftlicher Konstruktionsprozesse sind und dass die Gesellschaften auf diesem Weg ihre soziale Umwelt mit bestimmten keineswegs zufälligen Sinnformen ausstatten.[1] Der veränderte Griechenlanddiskurs setzt neue interkulturelle Sichtweisen. Viele Deutsche sehen sich als Philhellenen, gründen Solidaritätsvereine und einige Tausend reisten unter schwierigsten Bedingungen nach Griechenland, um dort aktiv mitzukämpfen.[2]

Dieser neue philhellenische Griechenlanddiskurs hat auch in die deutsche Unterhaltungsliteratur, die ja in der Regel an tradierten Sichtweisen und Stereotypen festhält, des frühen 19. Jahrhunderts Eingang gefunden.

---

[1] Sieh dazu: Achim Landwehr, Diskurs und Diskursgeschichte. In: www.docupedia.de und Philip Sarasin, Subjekte, Diskurse, Körper. Überlegungen zu einer diskursanalytischen Diskursgeschichte. In: W. Hardtwig/H.U. Wehler (Hg.), Kulturgeschichte heute. Göttingen 1996. S. 131 - 164

[2] Christoph Hauser, Anfänge bürgerlicher Organisation. Philhellenismus und Frühliberalismus in Südwestdeutschland. Göttingen 1990 (Vandenhoeck & Ruprecht)

Diese neue Sichtweise, den Paradigmawechsel, in der deutschen Unterhaltungsliteratur habe ich eingehend in meiner Dissertation untersucht.[3]

„Der Philhellenismus war nicht nur eine politische Strömung, die einen großen Teil der deutschen Bevölkerung begeisterte. Er war auch eine sehr aktive Massenbewegung zur Unterstützung der Griechen, die einen großen Einfluss auf das alltägliche Kulturgeschehen am Anfang des 19. Jahrhunderts hatte. Griechische Motive wurden auf Gegenständen des täglichen Gebrauchs abgebildet, wie z.B. Spielkarten mit Helden des griechischen Freiheitskampfes, Teller, Gläser und Tassen……

Die zahlreichen von philhellenischen Themen inspirierten Romane der Unterhaltungsliteratur erhoben keinen hohen literarischen Anspruch. Bei dieser Literatur handelt es sich einfach um ein literarisches Phänomen, das in seiner gesellschaftlichen Bedeutung zu verstehen ist. Die große Masse der Deutschen, die entweder positiv eingestellt gegenüber der philhellenischen Bewegung war, oder sie aktiv unterstützt hatte, las mehrheitlich keine sogenannte «Hochliteratur». Dieses Lesepublikum hatte keine hohen ästhetischen Ansprüche, sondern ihr

---

[3] Theologia Traka, Griechenland und der griechische Unabhängigkeitskampf im Spiegel der deutschsprachigen Unterhaltungsliteratur der 20er Jahre des 19. Jahrhunderts. (gr.) Korfu 2012

ging es um eine spannende bzw. unterhaltsame Lektüre.... Die philhellenisch inspirierten Romane und Erzählungen gehörten als Unterhaltungsliteratur zu der Sparte «Orientromane». Sie stellten das Produkt des Einflusses der philhellenischen Bewegung auf die Unterhaltungsiteratur dieser Zeit dar. Es handelt sich dabei um eine historische Gattung, in der zum ersten Mal zwei Handlungsmodelle kombiniert werden, nämlich aktuelle historische Ereignisse mit Abenteuer- und Liebesgeschichten."[4]

Griechenland erhält einen Platz in der deutschen Alltagskultur, die Romane der Unterhaltungsliteratur, die zahlreichen Berichte von Augenzeugen oder aktiven Kämpfern und die vielfältige Verwendung zahlreicher Motive des griechischen Freiheitskampfes auf vielen Gegenständen des alltäglichen Gebrauchs geben Zeugnis von dem veränderten Griechenlanddiskurs in dieser Zeit.[5] Über diese Medien gelangt Griechenland in erster Linie in das deutsche Wohnzimmer und nicht über die

---

[4] Theano Traka, Das Bild von Griechenland in der philhellenischen deutschen Unterhaltungsliteratur. In: A. Kertscher/H.-B. Schlumm (Hg.), Deutsche Spuren in Griechenland. Der Beitrag der deutschen Einwanderung im 19. Jahrhundert zur Entwicklung Griechenlands. Erscheint im März 2017

[5] Siehe dazu den umfangreichen Bildband: Reinhold Baumstark(Hg.), Das neue Hellas. Griechen und Bayern zur Zeit Ludwig I. München 1999 (Hirmer Verlag)

Reiseberichte der ihre Grand Tour machenden Bildungs-
reisenden.

Mit der Unabhängigkeit Griechenlands und der Thron-
besteigung des Wittelsbachers Otto ändern sich die Ver-
hältnisse. Viele Tausend Deutsche strömen nach Griechenland, um beim Aufbau des neuen Staates als Solda-
ten, Techniker, Beamte, Handwerker, Kaufleute usw.
eine Arbeit zu finden. Während des Aufbaus der neuen
Hauptstadt befindet sich eine große deutsche Kolonie in
Athen.[6] Griechenland rückt in der Sichtweise der Deutschen näher, aus naheliegenden Gründen gilt das natürlich insbesondere für die Bayern.[7] Mit der Absetzung Ot-
tos im Jahre 1862 veränderte sich natürlich wieder die
Sichtweise auf Griechenland und der damit einherge-
hende Griechenlanddiskurs.

Uns interessiert in diesem Zusammenhang ein neuer
Griechenlanddiskurs, der sich mit einer neuen sozialen
Bewegung ankündigte. Gegen Ende des 19. Jahrhunderts entstand in den deutschen Großstädten eine jugendliche Protestbewegung, die dem von der Industrialisierung geprägten städtischen Leben und der autoritären wilhelminischen Gesellschaft eine Hinwendung zu

---

[6] Siehe dazu die Beiträge in: A. Kertscher/H.-B. Schlumm. Siehe Fußnote 4

[7] Wolf Seidel, Bayern in Griechenland. München 1965. (Süddeutscher Verlag)

dem ungezwungenen und einfachen Naturerleben entgegensetze. In der Wandervogelbewegung fand dieser Protest zu Beginn des 20. Jahrhunderts seinen Ausdruck. Ein zentraler Bestandteil dieser Bewegung waren die Fahrten, die sich nicht auf Deutschland beschränkten, sondern auch in den Mittelmeerraum und nach Nord- und Westeuropa führten. Zwei Protagonisten dieser Bewegung dem österreichischen Aussteiger Alfons Hochhauser und dem deutschen Schriftsteller Werner Helwig gilt unsere Untersuchung, aber erst durch die Begegnung mit dem griechischen Schriftsteller Kostas Akrivos, der einen Roman über Alfons Hochhauser schrieb, bekommt unsere Untersuchung ihre spezifische interkulturelle Ausrichtung, die uns interessiert.

Alfons Hochhauser - Grenzüberschreitungen eines Wanderers zwischen den Kulturen.

Bevor wir den Wanderer auf seinem Weg zwischen den Kulturen begleiten, wollen wir zu Beginn den Kulturbegriff und den Begriff der Interkulturalität, den wir in dem Zusammenhang unserer Untersuchung verwenden, näher erläutern. Der Begriff «Kultur» hat sich in den Geistes- und Sozialwissenschaften zu einem der am häufigsten verwendeten Begriffe entwickelt. In der Wirklichkeit haben wir es natürlich immer mit einzelnen Kulturen zu tun, deshalb ist es natürlich sinnvoll in diesem Zusammenhang statt nur von einem singulären Kulturbegriff vielmehr von Kulturbegriffen im Plural zu sprechen. Ungeachtet dieser Vielfalt von Kulturbegriffen, besteht Einigkeit darüber, dass Kulturen von den Menschen geschaffen und von ihnen gestaltend hervorgebracht werden.

Eine relativ einheitliche Begriffsdefinition von Kultur wurde im Rahmen der UNESCO erstellt. In einer Konferenz im Jahre 1982 in Mexico zur Kulturpolitik einigten sich die Mitgliedsländer auf folgende Definition:

„ …. dass die Kultur in ihrer umfassenden Bedeutung heute als Gesamtheit der geistigen und materiellen, der verstandes- und gefühlsmäßigen unterschiedlichen

Merkmale, die eine Gesellschaft oder soziale Gruppe kennzeichnen, angesehen werden kann. Sie umfasst neben den Künsten und der Literatur die Lebensweisen, die Grundrechte der Menschen, die Wertsysteme, die Traditionen und Überzeugungen ...“[8]

Zusammenfassend können wir feststellen, unter Kultur verstehen wir also ein Orientierungssystem, das das Denken, die Wahrnehmung, die Werte und das Handeln der Mitglieder einer Gemeinschaft bestimmt. Ohne in diesem Zusammenhang näher in die Komplexität der Fachwissenschaften mit ihren jeweils sehr dezidierten Kulturbegriffen eindringen zu wollen, stimmen wir der folgenden allgemeinen Definition von Kultur zu, die sich in dem von uns weiter oben angegebenen Rahmen bewegt: „Kultur wird im Sinne eines erweiterten Kulturbegriffs als Ensemble der von Menschen als sinnvoll Erachteten und als Ensemble der planvoll veränderten Welt verstanden.“[9]

---

[8] Zitiert nach Edit Brozinsky – Schwabe, Interkulturalität. In: V. Lewinski – Reuter/S. Lüdemann, Glossar Kulturmanagement. Wiesbaden 2011 (Verlag Springer) S. 89

[9] Michael Hofmann/Julia-Karin Patrut, Einführung in die interkulturelle Literatur. Darmstadt 2015 (Wissenschaftliche Buchgesellschaft) S. 7

In der Realität begegnen wir der Kultur in der Vielfalt der zahlreichen einzelnen Kulturen. Unter einer Kultur verstehen wir eine «idealtypische» Gemeinschaft mit einer gemeinsamen Sprache und Tradition. Natürlich sind diese Gemeinschaften nicht homogen, da sie beständig vielfältigen Einflüssen ausgesetzt ist. Und deshalb ist auch jede Kultur in sich «multikulturell», nicht nur, weil es immer schon eine vorgängige Akkulturation gegeben hat, sondern vor allem deshalb, weil ein Spezifikum der Kultur im Vermischen des Fremden mit dem Eigenen besteht. Der hybride Charakter, ihr interkultureller Austausch ist ein wesentlicher Bestandteil der Kulturen, denn jede Gemeinschaft grenzt an eine andere und steht, ob sie es will oder nicht, mit ihr in Beziehung.

Die Grenze und die Grenzüberschreitung bildet einen wichtigen Diskussionsgegenstand in der aktuellen Diskussion über die Interkulturalität: „Kulturen (und mit ihnen Interkulturalität) kann es nur geben, wenn sich ein Punkt angeben lässt, an dem die eine Kultur aufhört und die andere anfängt. Doch auch wenn diese Grenze die Möglichkeit von Interkulturalität bildet, heißt dies nicht, dass interkulturelle Begegnungen an und auf dieser

Grenze stattfinden. Die Begegnung zweier Kulturen findet vielmehr statt, wenn eine Kultur in das abgegrenzte Terrain der anderen einbricht."[10]

Interkulturalität bezeichnet in diesem Zusammenhang die verschiedenen und vielfältigen Formen des Aufeinandertreffens oder der Durchdringung unterschiedlicher Kulturen, in diesem Prozess entsteht die spannungsreiche Zwischenebene der «Interkultur».

„Zwischen den Eigenkulturellen und dem als «fremd» Empfundenen entsteht ein Zwischenraum der Vagheit, der Uneindeutigkeit und der Neuartigkeit, der bedrohlich oder auch anregend wirken kann. Alltagssprachlich ausgedrückt liegen hier die «Fettnäpfchen» bereit, in die man geraten kann, wenn man sich auf Fremdheit einlässt, aber zu wenig über sie weiß und nichts von ihren Merkmalen und Eigentümlichkeiten versteht."[11]

In diesen Prozessen interkultureller Interaktion treffen verschiedene Weltbilder, Lebensformen, Denk- Handlungsweisen aufeinander. In einer idealtypischen Situation trifft eine Gemeinschaft auf das Fremde oder die

---

[10] D. Heinböckel/M. Weinberg, Interkulturalität als Projekt. In: Zeitschrift für interkulturelle Germanistik. 5.Jhrg. 2014 Heft 2 S. 25

[11] Alexander Thomas, Das Eigene, das Fremde, das Interkulturelle. In: Thomas/Kienast/Schroll-Machl (Hg.), Handbuch Interkulturelle Kommunikation Band 1 Göttingen 2005 S. 43

Andersartigkeit einer anderen Kultur. In der Wahrnehmung der Andersartigkeit stößt das Wissen an seine
Grenzen. Im Prozess des Verstehens löst sich die Un-
durchschaubarkeit der Andersartigkeit auf, während zu-
vor das Nichtwissen um die Andersartigkeit nur Erstau-
nen hervorruft.

Der Schriftsteller Kostas Akrivos

In einer Kultur durchdringen sich, wie wir weiter oben bemerkt haben, mehrere Kulturen, jede Kultur ist zugleich auch in sich «multikulturell». Der ursprünglichen, noch nicht verfälschten einheimischen Kultur sucht der griechische Autor Kostas Akrivos in seinem neuesten Roman auf die Spur zu kommen. In seinem im Oktober 2013 erschienen Roman „ Die Schlange häutet sich"[12] lässt der Autor, der im Jahre 2010, einen Roman über Alfons Hochhauser veröffentlicht hat[13] , seine Erzählfigur, ebenfalls einen Schriftsteller, in den Jahren 2010 – 12 kreuz und quer durch Griechenland reisen. Schon damals stand das Land am Rande des Bankrotts und kurz vor dem Ausschluss aus der Eurozone. Diese dramatische Situation verursachte nicht nur beim Erzähler sondern auch in weiten Teilen der Bevölkerung eine pessimistisch – melancholische Stimmung. In dieser düsteren Stimmung von zahlreichen Zweifeln geplagt, bricht der

---

[12] Κώστας Ακρίβος, Αλλάζει Πουκάμισο το Φίδι. Αθήνα 2013 (εκδόσεις Μεταίχμιο)

[13] Κώστας Ακρίβος, Ποίος θυμάται τον Άλφονς. Αθήνα 2010 (εκδόσεις Μεταίχμιο). Zwei Jahre später erschien die deutsche Übersetzung: Kostas Akrivos, Alfons Hochhaus. – Der Barfußprophet von Pilion. (Übersetzt von Hans – Bernhard Schlumm) Frankfurt am Main 2012 (Größenwahn Verlag)

Erzähler auf, um in Begegnungen, Gesprächen und Untersuchungen vor Ort, Hinweise und Anzeichen zu finden, die hoffen lassen, dass die tiefe Krise, die nicht nur wirtschaftlicher Natur ist, überwunden werden kann.

„An einem Samstagabend, als ich meine Zeit damit vertrödelte, unzusammenhängende Notizen in meine Hefte einzutragen, kam mir plötzlich der Gedanke, mich aufzumachen, und möglichst viele Gegenden zu besuchen – Städte, Inseln, Dörfer, Ortschaften, sogar einsame Katen und Hirtenhütten – denn vielleicht bot sich mir so die Gelegenheit, echte und ursprüngliche Menschen aufzuspüren. Griechen, die beweisen würden, dass ich Recht hatte und nicht mein Freund Tsirilo. Nämlich dass wir ein Volk mit Vergangenheit, aber vor allem auch mit Zukunft sind, unserer finsteren Gegenwart zum Trotz."[14]

Die zahlreichen Reisen unternimmt der Erzähler im Rahmen seiner schriftstellerischen Aktivitäten (Lesungen, Tagungen, Schriftstellertreffen usw.) und anderseits auf Anraten eines mysteriösen, anonymen Schreibers, der ihm ständig mit SMS hilfreiche Anweisungen und Hinweise gibt. Seine Suche nach einem authentischen Griechentum bzw. die Suche nach der der Antwort auf die

---

[14] Κώστας Ακρίβος, Αλλάζει .. a.a. O. S..37

Frage, ob es noch genügend Gründe gibt, mit Stolz Grieche zu sein, führt ihn in entlegene Gegenden Griechenlands. Das Authentische begegnet ihm in volkstümlichen Überlieferungen, die ihre Wurzeln in der traditionellen, ländlichen Gesellschaft haben, also kurz gesagt: zeitlich in der Vergangenheit und räumlich in der Peripherie. Das   «Alter Ego» des Autors begibt sich also in der literarischen Wirklichkeit des Romans auf die Suche nach einer ursprünglichen Kultur in der Vielfalt der Kulturen des gegenwärtigen Griechenlands. Die Personen, die die kulturellen Traditionen noch lebendig halten, sind zumeist ältere, z.T. recht eigenwillige bis skurrile Typen und Originale.

Im vierten Kapitel trifft er im südlichen Teil der Insel Euböa auf den Volksmusiker Biliosis, einen autodidaktischen Violinisten, der den Erzähler mit seiner Kunst und Persönlichkeit tief beeindruckt. „Jetzt verstand ich den wahren Grund, er war zum echten Künstler berufen. Was er um sich herum sah und was ihn innerlich bewegte, seine Ängste und Freude, seine Hoffnungen und Befürchtungen verwandelte Biliosis mit seiner Musik in eine Gabe. Eine Gabe an seinen Mitmenschen, wer immer es auch war. Nur so fühlte er selbst eine tiefe Befriedigung, wenn er mit seiner Musik den geplagten einfachen Menschen Trost spenden konnte."[15]

Der Roman ist in acht Kapitel, die als Reisen betitelt sind, eingeteilt. Die letzte Reise ist mit folgendem Untertitel versehen: Wer erinnert sich noch an ihn? Hier bezieht sich der Autor auf den Titel seines schon eingangs erwähnten Romans. Das Kapitel selbst beginnt mit einem Brief, den Alfons Hochhauser im Jahre 1969 an einen Freund in Kanada abgeschickt hatte.

Nachdem Hochhauser seinem Freund in dem Brief berichtet hatte, dass er seine Herberge in Trikkeri aus verschiedenen Gründen schließen musste, aber danach betont, dass er dennoch an seiner Grundidee, „ein friedliches griechisches Dorfleben darzubieten"[16] festhalten will. Führt er dann weiter aus: „ Ich möchte meine Ideen verwirklichen und damit auch ein wenig Geld verdienen. Der materielle Gewinn allein hat mich nie interessiert .... Das Vorhaben muss gesellschaftlichen Bedürfnissen und Erwartungen entsprechen, zumindest in einem gewissen Ausmaß. Denn im Grunde bin ich ja selbst kein «normaler» Mensch im herkömmlichen Sinne. .....

---

[15] Κώστας Ακρίβος, Ebenda S. 221

[16] Ebenda S. 415

Können wir den Gästen tatsächlich eine angenehme und vom Alltag befreiende Erholung bieten? Sicherlich gibt es genügend Menschen, die sich nach Jahrzehnten großstädtischen Lebens, nach einer naturnahen Lebensform sehnen.

Unsere Gäste soll nichts an die technische Zivilisation erinnern."[17]

Nach der detaillierten Schilderung eines alternativen Urlaubs nach seinen Vorstellungen formuliert Hochhauser seine Grundidee: „In der freien Zeit, den Ferien, möchte der Mensch der technologischen Perfektion entfliehen, fernab aller Tätigkeiten, die einem gesunden Mensch nicht zusagen. Ferien ohne die Bestandteile städtischen Lebens. Das wesentliche alternative Element ist das einfache und naturnahe Leben ohne den naturwissenschaftlich-technischen Fortschritt."[18] Mit diesem ausführlichen dreiseitigen Brief, aus dem wir einige zentrale Stellen zitiert haben, beginnt der Autor sein Schlusskapitel.

Dieses letzte Kapitel spielt in der nahen Zukunft, genauer gesagt, im Jahre 2019. Zu dieser Zeit wird Grie-

---

[17] Ebenda S. 416

[18] Ebenda S. 416 - 417

chenland von sozialen Unruhen erschüttert. Der Höchstlohn ist auf 700 Euro von der EU festgelegt, und die Renten dürfen den Betrag von 350 Euro nicht übersteigen. In Athen toben Straßenkämpfe mit zahlreichen Toten, von der EU ist eine Regierung von Technokraten eingesetzt worden. In dieser unruhigen Zeit trifft sich in Volos eine Gruppe junger Menschen, vor ihnen liegt der schon erwähnte Brief von Alfons Hochhauser auf dem Tisch und der Vorschlag, auf dieser Grundlage ein Projekt des sanften, alternativen Tourismus zu verwirklichen. Ein geeignetes Anwesen wurde ihnen dafür zur Verfügung gestellt. Sie nennen ihre Herberge, „auf den Spuren von Alfons". Mit diesen hoffnungsvollen Aktivitäten im Bereich des alternativen Tourismus endet der Roman.

Der Schlussabsatz des Romans: „Der Tag bricht an. Wiederholt wirft sie einen Blick aus dem Fenster. Strahlende Sonne, es ist Frühling, ein traumhaftes Wetter. Draußen im Hof bewegen sich die Zweige der Bäume, ihre grünen Blätter rauschen im Wind. Ein Vogel flattert zwitschernd durch die Luft. Am tiefblauen Himmel nicht ein einziges Wölkchen. Der Wipfel der Platane schwingt hin und her in der morgendlichen Brise. Sie hatte sich prächtig entwickelt, sie war zu einem richtigen Baum emporgewachsen. Die Platane hatten sie damals wenige Tage nach der Eröffnung ihrer Herberge gepflanzt. Das war der

Wunsch ihres Förderers gewesen ….. es werden die jungen Freiheitskämpfer kommen und ihre Waffen an ihre Äste hängen."

Die letzte Zeile des Absatzes zitiert ein Gedicht von Aristotelis Valaoritis über den Freiheitskämpfer Dimos aus dem griechischen Unabhängigkeitskampf von 1821. Er ahnt sein nahes Ende und teilt seinen Mitkämpfern seine letzten Wünsche mit. In der Stelle, auf die sich Kostas Akrivos bezieht, heißt es: „sollte aus seinem Grab eine Platane emporwachsen, werden sich junge Freiheitskämpfer unter ihrem Schatten niederlassen und die Waffen an ihre Äste hängen."

Alfons Hochhauser

Wer ist nun Alfons Hochhauser, der den Autor Kostas Akrivos und die Figuren seines letzten Romans dermaßen fasziniert hat. Die Person des Alfons Hochhauser, der im Jahre 1906 in der kleinen Stadt Judenburg bei Graz geboren wurde, prägte ein unbändiger Drang nach Freiheit und Unabhängigkeit. Schon in seiner Jugend hält er es nicht mehr in der Enge seiner Heimat aus und er zieht in die Ferne. Mit sechzehn Jahren beginnt er eine zweijährige Wanderschaft um das Mittelmeer. Vagabundierend tippelt er durch Italien, Frankreich, Spanien, Tunesien, Ägypten bis nach Palästina. Oft leidet er bohrenden Hunger und wird von skrupellosen Menschen ausgenutzt und bestohlen. Er schlägt sich mit allen möglichen Gelegenheitsarbeiten durch. Und nach zwei Jahren erduldetem Elend kehrt er wieder in seine Heimat zurück. Aber dort hält es ihn wieder nur ein paar Wochen.

Mit Unterstützung seiner Eltern erwirbt er eine Filmkamera, und es bestand der Plan, mit drei Freunden, zu denen auch der heutzutage fast vergessene Schriftsteller Ernst Kreuder[19] gehört, Werbefilme in Griechenland zu drehen. Das Unternehmen scheiterte ruhmlos, aber Hochhauser fand bei einer Reise seine neue Wahlheimat, den Pilion, eine gebirgige Halbinsel bei der Hafenstadt Volos in Thessalien.

Im Folgenden wird ausführlicher aus dem Roman von Kostas Akrivos zitiert, der im Jahre 2010 erschien und 2012 und unter dem Titel «Alfons Hochhauser. Der Barfußprophet von Pilion» im Frankfurter Verlag Größenwahn veröffentlicht wurde. Der Schriftsteller Kostas Akrivos begreift sein Werk nicht als eine Biographie, sondern als einen literarischen Text, der Fiktion und Dokumentation miteinander verschränkt. Im Roman recherchiert der Erzähler, ebenfalls ein Schriftsteller, über das Leben des Alfons Hochhauser, er interviewt Zeitzeugen, ehemaligen Freunde und Bekannte, dabei verwendet er authentische Dokumente, wie Tagebuchaufzeichnungen und Briefe, aber er schafft auch fiktive Dokumente, ein Grenzgang zwischen historischer und literarischer

---

[19] Ernst Kreuder (1903 – 1972) deutscher Schriftsteller, erhielt 1953 den Büchner – Preis. Im Jahre 1946 veröffentlichte er den Roman «Die Gesellschaft vom Dachboden», der zahlreiche Auflagen erlebte und in mehrere Sprachen übersetzt wurde. An diesen Erfolg konnte er nie mehr anknüpfen. Er war sein Leben lang freundschaftlich mit Alfons Hochhauser verbunden. Siehe Nachlass im Deutschen Literaturarchiv in Marbach am Neckar: Briefe aus Griechenland und Tagebuchaufzeichnungen vom Januar bis Mai 1927

Wirklichkeit, mit einer solchen Collage glaubt der Autor nach eigener Aussage[20], der rätselhaften Persönlichkeit besser auf die Spur kommen zu können als durch eine wissenschaftlich fundierte Biographie. Er lässt Hochhauser erzählen:

„Und in den folgenden zwei Jahren, 1924 und 1925, gründeten wir eine Filmgesellschaft in Thessaloniki. Eine Zeitspanne des Dolce Vita und weniger der Arbeit. Mein Leben rettete mir eine Bootsfahrt zu der Küste des Pilion. Damals sah und verliebte ich mich in diese Landschaft."[21]

Im Sommer 1926 lässt er sich in seiner neuen Wahlheimat, dem Pilion, nieder. „Im Sommer 1926 schlendert ein hochaufgeschossener, schlanker, junger Mann, kaum zwanzigjährig, mit einem Adlerblick, stolzen Schrittes mit einem Rucksack auf dem Rücken und einem Fotoapparat in der Hand durch die Gassen und über die Hafenpromenade von Volos. Gerade dämmert es. Nachdem er ein bescheidenes Mahl in einer Fischtaverne im Viertel von Aghios Konstantinos zu sich genommen hat, geht er umgehend zu seinem Hotel unter den

---

[20] Siehe das Video der Buchpräsentation der deutschen Ausgabe des Romans von Kostas Akrivos auf der Burg Ludwigstein auf www. Alfons – Hochhauser.de

[21] Kostas Akrivos, Alfons Hochhauser a.a. O. S. 147

Sternen und findet Unterkunft in einem verlassenen alten Kahn. Er hält sich ungefähr eine Woche in Volos auf, sieht sich in der Stadt um, und nimmt dann den Weg in den Pilion."[22]

Dort arbeitete er zuerst als Schweinehirte und später eröffnete die berühmt gewordene Raubfischertaverne. Die Zeche wird dort mit Fischen bezahlt. Hochhauser trägt die Fische in fünfstündigen Gewaltmärschen über das Piliongebirge bis hinunter in die Hafenstadt Volos, um sie dort auf dem Markt zu verkaufen. Am selben Tag kehrt er auch wieder zurück. Ab dem Sommer 1929 ist er in Diensten des jähzornigen und gewalttätigen Dynamitfischers Psarothanassis. „Seit jenem Tag war ich sein Gefangener. Er brauchte mich beim Fischen mit Dynamit. ..... Ich arbeitete wie ein Sklave. Nach langer Zeit verließ er mich an der Küste von Aghiokampos. Aus dieser Geschichte entstand ein Buch und später ein Film."[23] Später erwirbt er ein Fischerboot, das ihm Wohnung und Mittel zum Broterwerb ist.

„ 1924 – 1938: 15 Jahre Ferien. Ein sorgloses Leben ohne konkreten Plan und Ziel, ohne größeres Interesse an den wichtigen Ereignissen, die ich gar nicht zur Kenntnis nahm und die mich deshalb auch nicht beschäftigten.

---

[22] Ebenda S. 19 -20

[23] Ebenda S. 140

Ich hatte mein Fischerboot, lebte vom Fischfang und von gelegentlichen Transporten."[24] Aber dennoch muss er 1938 nach dem Anschluss Österreichs an das Deutsche Reich Griechenland als unerwünschter Ausländer verlassen. Im Krieg kommt er zu einer Dolmetschereinheit der Wehrmacht, da er ja sehr gut Griechisch spricht. Ein Glücksfall verhilft ihm schon bald wieder in das geliebte Griechenland zu kommen. Der Wiener Unterwasserpionier Hans Hass bereitet eine Tauchexpedition in die Ägäis vor und er hat in Erfahrung gebracht, dass der Held in Werner Helwigs erfolgreichen Roman „Die Raubfischer in Hellas" in der Person des Alfons Hochhauser, der die Ägäis in jener Region des Pilion wie seine Westentasche kennt, tatsächlich existiert. Hans Hass beschreibt seinen ersten Eindruck von ihm in seinem Buch „ Menschen und Haie": „ Der Mann sah wie eine knorrige Eiche aus. Hier stand ich einem ganzen Menschen gegenüber. Einem Mann, der die Natur und das weite, große Abenteuer des Lebens liebte und akkurat den Weg ging, der ihm gefiel. Kurzgeschoren und abgemagert, wie er war, sah er wie ein tuberkulöser Raubmörder aus; dabei hatte er die Allüren eines Parlamentsprä-

---

[24] Ebenda S. 95

sidenten. Jedes Wort, das er sprach, war von tiefem Gehalt."[25] Hass heuert Hochhauser für die Expedition an, auch später in den 50er Jahren nimmt Hochhauser an einer Reihe von Expeditionen von Hans Hass teil.

Nach der Ägäisexpedition ist Hochhauser als militärischer Dolmetscher bei der Geheimen Feldpolizei in Griechenland tätig. „Der junge Mann, der stundenlang auf Fußpfaden durch die Wälder des Pilion meist halbnackt oder in abgerissener Kleidung gewandert war, kehrte jetzt in Uniform mit Hakenkreuz zurück. Nur mit der Kunst des listigen Verhaltens, wie Odysseus, hatte ich eine Chance, mich zu retten."[26] Im Roman von Kostas Akrivos wird die Frage, ob sich Hochhauser während seiner Tätigkeit als Dolmetscher schuldig gemacht habe, ausführlicher behandelt, wir werden weiter unten wieder darauf zurückkommen.

In den letzten Kriegstagen kehrt er in seine Heimat zurück und kommt für eine längere Zeit in ein britisches Internierungslager. In den 50er Jahren bis 1956 nimmt er an allen Expeditionen von Hans Hass teil. Im Jahre 1956 taucht er wieder in Griechenland auf. 1957 mietet

---

[25] Hans Hass, Menschen und Haie. Zürich 1953 (Orell Füssli). Zitiert nach Jürgen Kahle, Alfred Hochhauser zum Hundertsten. In:Köpfchen. Einblicke-Ausblicke-Rückblicke. Heft 1 April 2006 S. 20

[26] Ebenda S. 97 -98

er auf der Insel Paleo Trikeri, die an der Südspitze der Pilionhalbinsel, liegt ein altes Kloster, das er zu einer alternativen Herberge umbaut. In einer griechischen Zeitschrift heißt es dazu Anfang der 60er Jahre: „ Mit der Anmietung und dem Umbau des Klosters verfolgte er die Absicht, eine Herberge für Touristen zu schaffen, die ruhige Ferien weitab vom Lärm des Massentourismus verbringen wollen. In das Kloster haben die Errungenschaften der technischen Zivilisation keinen Eingang gefunden. Es gibt weder Strom noch fließend Wasser. …. Keine Spur von Nylon oder Plastik belästigt das Auge. …. Alle sind willkommen, die ihre Wurzeln nahe der Mutter Natur suchen. Alfons ist nicht an materiellem Gewinn interessiert. Ihn beherrscht der Wunsch, die Gäste mögen sich an denselben Dingen erfreuen wie er: dem Meer, der Sonne, dem Licht und der Stille."[27] Mit dieser Herberge und vielen Projekten, die er vorhatte, ist er zu einem Pionier des sanften Tourismus geworden. Im Alter von 75 wählte er den Freitod, da er an unheilbaren Kehlkopfkrebs litt. Im Januar 1981 steigt er auf den Berg Koromilia und wählt dort den Tod durch Erfrieren.

---

[27] Ebenda S.78

Alfons Hochhauser – Werner Helwig

Der Schriftsteller Werner Helwig lernte Hochhauser im Jahre 1929 bei einem Treffen mit den Nerother Wandervögel auf der Burg Waldeck kennen. In den Jahren 1935, 1937 und 1938 hält er sich mehrere Monate bei Hochhauser in Griechenland auf. Hochhauser hatte Pläne für einen deutsch – griechischen Jugendaustausch und wollte diese den Nerothern vorstellen. Deshalb reist er im November 1929 nach Deutschland. Bei diesem Treffen lernte er auch Werner Helwig kennen. Fahrten der Nerother zum Olymp, den Meteora Klöstern und dem Berg Athos hat Alfons Hochhauser z.T. begleitet und geführt. Berichte darüber erschienen 1930 in der Zeitschrift der Nerother der «Herold».[28] Aber Hochhauser kann seine Päne eines institutionalisierten deutsch – griechischen Jugendaustausches mit den Nerohtern nicht verwirklichen. Im Jahre 1931 schreibt er an den Schriftsteller Ernst Kreuder: „Nun ist mir der ganze Nerother Quatsch viel zu seicht ... Obwohl ich mich nur mit einem von den zwölf Trotteln verstanden, und mit

---

[28] Der Herold Heft 15/16 1930 zitiert nach Dieter Harsch www.alfons-hochhauser.de unter dem Stichwort Palaia Mitzela

«aus» von ihnen schied, schreibt mir Robert Oelbermann in freundlichster Art."[29] Der eine, den er erwähnt, ist wahrscheinlich Werner Helwig.

Im Gegensatz zu Hochhauser erinnert sich Helwig nicht an den von Hochhauser beschriebenen Konflikt bei ihrem ersten Zusammentreffen. Im Herbst 1935 schreibt Helwig aus Griechenland an seine Freunde in Deutschland folgendes über seine Begegnung mit Alfons Hochhause: „ Ein Nerother ist schon seit zehn Jahren hier. Vollkommen Grieche geworden. Spricht griechisch Platt, als wenn er hier geboren ist. Ist Fischer geworden, hat ein eigenes Segelboot. Ihr werdet Euch denken können, was wir für odysseische Fahrten machen von Insel zu Insel."[30]

In einem Brief an Hochhauser aus dem Jahre 1959 bezieht er sich neutral und ohne jegliche Wertung auf diese erste Begegnung, nur schwankt in der Erinnerung die genaue Zeitangabe, Helwig spricht von 1928, wie er in dem dreißig Jahre später verfassten Brief schreibt.

„Ich besuchte Dich – nachdem wir uns 1928 unter den Wandervögeln kennen gelernt hatten – im Herbst 1935

---

[29] Ebenda

[30] Ursula Prause, Werner Helwig. Eine nachgetragene Autobiographie. Bremen 2014 (edition lumiére) S. 232

im Pelion. Nach meiner Gepflogenheit immer alles auf-
zuschreiben, was um mich herum geschieht, entstand
ein Tagebuch, das unsere Begegnung schildert. Du er-
zähltest mir von den Dynamitfischern und Deinen Aben-
teuern mit ihnen. Mir kam die Idee, daraus einen Roman
zu formen. Titel: Die Hellasfischer. Du ließest mich zur
Ergänzung eine getippte Schrift von Dir lesen. Ich nahm
daraus, was Du mir selbst schon erzählst hattest, legte
es Dir – im Roman – selbst als Deine Erzählung in den
Mund und wandelte es im Sinne meiner Romanidee
ab."[31] Aus Helwigs «Raubfischer Tagebuch» erfahren wir
auch etwas über die Schwierigkeiten ihres Zusammens-
eins. Helwig fragt sich, während sie mit dem alten Wa-
sila zusammen sind, den Hochhauser als einen „Räuber
im Ruhestand" bezeichnet, einen ehemaligen amnes-
tierten Banden- und Freischärlerführer, weshalb Hochhauser ihn nach Hellas eingeladen hat. „Merkwürdig,
wie er sich mir entwindet in der Gesellschaft des Alten.
Ist er tatsächlich völlig «vergriecht», wie der Konsul mir
in Volos lächelnd andeutete. Tut hier so, als schäme er
sich meiner ein wenig. Wozu dann immer diese wilden,
fast verzweifelten Aufforderungen und Einladungen, zu
ihm nach Hellas zu kommen?"[32]

---

[31] Werner Helwig, Briefe. In: www.wernerhelwig.de

[32] Werner Helwig, Raubfischer – Tagebuch. In: Werner Helwig, Die Bienen-
barke. Bad Godesberg 1953 (Voggenreiter Verlag) S. 83

Der Wandervogel

Einen prägenden Einfluss übte auf Hochhauser wie auch auf Helwig die Jugendbewegung des Wandervogels aus. Die Wandervögel sind eine jugendliche Protestbewegung, die gegen Ende des 19.Jhrdt. von Schülern und Studenten in Berlin begründet wurde. Gegen die reglementierte militaristische Gesellschaft des wilhelministischen Deutschland wurden von ihnen Freiheit und Ungebundenheit proklamiert, man organisierte Fahrten in die Natur – „zurück zur Natur" – als eine Art Kampfansage gegen die Zwänge des alltäglichen Lebens in der autoritären wilhelminischen Gesellschaft. Kurz gesagt, sie war eine alternative Jugendbewegung des frühen 20. Jahrhunderts.

Das Emblem der Jugendbewegung

Die Wandervogelbewegung stellte eine eigenständige Jugendbewegung dar, die neue und alternative jugendspezifische Lebensformen verwirklichen wollte. Sie wurde im Jahre 1901 in Steglitz, damals noch ein südlicher Vorort von Berlin, gegründet. Schon drei Jahre später bildeten sich im Deutschen Reich Wandervögel Bünde, die sich im Jahre 1913 zum Wandervogel mit etwa 25 000 Mitgliedern auf nationaler Ebene zusammenschlossen. Dieser Zusammenschluss erlaubte nun auch Mädchen und Volksschülern neben den Gymnasiasten an dem Lebensstil der Bewegung mit den Wanderfahrten, dem Leben in Zeltlagern und der Volksmusik teilzunehmen.

Im Oktober 1913 trafen sich auf dem Hohen Meißner mehrere Tausend Jugendliche zum ersten «Freideutschen Jugendtag»[33] Diese Veranstaltung war organisiert als eine Alternative zum nationalistischen Jubiläumsfest der Völkerschlacht bei Leipzig. Sie stellte einen gesellschaftlichen Protest gegen die von der Obrigkeit verordneten Jubelfeiern, die schon im Zeichen des sich ankündigenden Ersten Weltkrieges standen. Die Erinnerung eines Zeitzeugen aus dem Jahre 1988 gibt die Stimmung unter den Jugendlichen während dieser Veranstaltung sehr plastisch wieder: „Gefordert wurde ein schlichter, einfacher Lebensstil in Brüderlichkeit und Verpflichtung gegenüber der Allgemeinheit, eine kulturelle Erneuerung sowie Achtung und Friede gegenüber den übrigen Völkern. Es herrschte eine ungewöhnliche jugendbewegte Hochstimmung."[34]

Gegen die nationalistisch aufgeheizte Stimmung im Reich wurden die Reden auf diesem Jugendtag von einer

---

[33] Winfried Mogge, Jürgen Reulecke, Hoer Meißner 1913 – Der Erste Freideutsche Jugendtag in Dokumenten, Deutungen und Bildern. Edition Archiv der deutschen Jugendbewegung Bd. 5 Köln 1988 (Verlag Wissenschaft und Politik)

[34] Friedrich Oldenburg, Der Freideutsche Jugendtag auf dem Hohen Meißner im Oktober 1913. In: Gerd Ihle, Günter Köhler (Hg.), Der Wandervogel – Es begann in Steglitz. Berlin 1987 (Stapp – Verlag) S.139

pazifistischen Grundstimmung geprägt. [35] Zahlreiche später bedeutend gewordene Wissenschaftler, Gelehrte, Reformpädagogen, Schriftsteller und Verleger nahmen an dieser Veranstaltung teil, unter Ihnen die Philosophen Rudolf Carnap, Hans Reichenbach, Paul Natorp und Walter Benjamin, um nur einige wenige zu nennen. Schon eine Woche nach der Veranstalung des ersten „Freideutschen Jugendtages" kommentierte Walter Benjamin seine Erfahrungen viel skeptischer als viele seiner Altersgenossen: „Wo blieb der Protest gegen Familie und Schule, den wir erwartet hatten. Hier hat keine politische Phrase den Weg des jugendlichen Fühlens geglättet. Blieb er deshalb unbeschritten? Hier ist noch alles zu leisten. Und hier ist das Jugendliche zu offenbaren, die Empörung gegen das Elternhaus, das die Gemüter verdumpft, gegen die Schule, die den Geist auspeitscht."[36] Der Erste Weltkrieg fegte diese Bewegung hinweg, wie auch die pazifistischen Bewegungen der Arbeiterbewegung.

Nach 1922 löste sich der Zentralverband der Wandervögel in eine Reihe von Einzelverbänden auf, die insgesamt

---

[35] Winfried Mogge, Jürgen Reulecke a. a. O. S. 282ff

[36] Zitiert nach Peter Dudek, Fetisch Jugend. Walter Benjamin –Siegfried Bernfeld. Jugendprotest am Vorabend des Ersten Weltkriegs. Bad Heilbrunn 2002 (Klinkhardt). S 215

ungefähr 30 000 Mitglieder zählten. Ihre Mitglieder stammten zumeist aus bürgerlichen Schichten. Die verschiedenen Gruppierungen dieser bündischen Jugend, wie z.B. der Wandervogel Völkischer Bund oder der Nerother Wandervogel, verband eine antibürgerliche Einstellung und die Ablehnung der Kultur der Weimarer Republik. Als Alternative der von ihnen kritisierten Technisierung und Kommerzialisierung des Alltagslebens stellten sie das gemeinschaftliche Erlebnis der naturnahen Einfachheit gegenüber.

Werner Helwig und der Nerother Wandervogel

Werner Helwig, ein heute schon fast vergessener Literat des 20. Jahrhunderts fand das Gemeinschaftserlebnis, das er wie viele andere „entwurzelte" Schriftsteller in dieser Zeit suchte, in dem Bund der Nerother Wandervögel. Nach Armin Mohler sind solche Vereinigungen bündisch geprägt: „in welchen die Jugend aus eigenem Antriebe und unter einer den eigenen Reihen entstammenden Führerschaft sich zusammenfindet, um sich ein eigengesetzliches Leben außerhalb der zu festen Formen erstarrten Welt zu schaffen."[37] Bei der Bündischen Jugend handelt es sich meist um Männerbünde, bzw. Bünde männlicher Jugendlicher. Im Denken der Mitglieder gewinnt der Bund die Bedeutung eines eigenständigen sozialen Phänomens. „ Dabei ist es ein konstitutives Element seines Gruppenbewusstseins, dass er sich in einer aristokratischen und elitären Gebärde von der gemeinen fortschrittsgläubigen Masse abgrenzt und sich

---

[37] Armin Mohler, Die konservative Revolution in Deutschland 1918 – 1932. Grundriss ihrer Weltanschauungen. Köln 1962 S. 150

als letzter Bewahrer der Kultur im Gegensatz zu einer alles nivellierenden Zivilisation zu einer Zeit des allgemeinen Niedergangs glaubt."[38]

Das Emblem des Nerother Wandervogels

Walter Laqueur charakterisiert in seiner Studie über die deutsche Jugendbewegung sehr präzise das Selbstverständnis der Nerother Wandervögel im Rahmen der gesamten Bewegung: „ Die Nerother (so genannt nach einem kleinen Ort in der Eifel) waren eine viel kleinere Gruppe, von den Zwillingsbrüdern Karl und Robert Oelbermann nach ihrer Rückkehr aus dem 1. Weltkrieg ge-

---

[38] Richard Bersch, Pathos und Mythos. Frankfurt – Bern – Paris 1992 (Peter Lang) S. 193

gründet. In den Augen ihrer Freunde und Förderer waren sie die Kompromisslosesten unter den Bündischen; von ihren zahlreichen Gegnern wurden sie als Desperados der Jugendbewegung bezeichnet. Es fehlte ihnen nicht an Originalität. Sie richteten die Ruine der alten Burg Waldeck wieder her und machten sie zu ihrem Stammsitz. Sie waren unerschütterlich gegen alle Kompromisse mit der Gesellschaft.... Ihre abenteuerlichen und waghalsigen Expeditionen in ferne Kontinente dauerten nicht Wochen, sondern Monate und Jahre. Gelegentlich arbeiteten sie auch, um zu leben, aber sie waren die Bohemiens der Jugendbewegung, die den Geist der Wandervögel ins Extrem führten, die sich weigerten, mit ihrer Umwelt einen Modus vivendi zu finden."[39]

Werner Helwig erfährt sein Gemeinschaftserlebnis in der „Burggemeinschaft" auf der Burg Waldeck und schreibt ein Jahr nach seinem Beitritt in den Bund: „Hier kommen wir zu der Grundidee unseres ganzen Burgbaus, es ist schlechthin auch die Idee des Nerother Bundes: Schöpferischen Kräften Entfaltungsmöglichkeiten zu bieten."[40] Die Burg ersetzt dem heimatlosen Werner

---

[39] Walter Laqueur, Die Deutsche Jugendbewegung. Eine historische Studie. Köln 1962. S. 150

[40] Werner Helwig, Burgorden. In: Der Herold, Bundesschrift der Nerother, 8 1929 S. 10

Helwig seine fehlende Heimat und vermittelt ihm ein Gefühl des Zuhauseseins. Er selbst schreibt dazu fast 25 Jahre später in seinem autobiographischen Erinnerungsbuch: „ Die «Burg », das war der lodernde Mittelpunkt meines Jugenderlebnisses. Jeder Mensch hat ein Jugenderlebis, um das er insgeheim kreist. …. Ich danke der «Burg» das, was ich bin, das Herz meines Herzens, die mich nicht altern lässt."[41]

---

[41] Werner Helwig, Auf der Knabenfährte. Ein Erinnerungsbuch. Konstanz 1951 (Asmus Verlag) S. 13

Zur Biographie von Werner Helwig bis 1933

Werner Helwig wurde 1905 in Berlin geboren, durch seinen Vater, einen Kunstmaler, wird er von der bildenden Kunst und durch seine Mutter musikalisch beeinflusst. Im Kriegsjahr 1917 wird die Ehe der Eltern geschieden, und der Vater bekommt das Sorgerecht. Den Nachriegswinter verbringt er in Berlin, und dort wird ihm die Begegnung mit einem jungen Wandervogelführer, dem „Retter jener düsteren Jahre"[42] zu einem unvergessenen Erlebnis. Wegen seiner schlechten Leistungen in der Schule gibt ihn sein Vater in eine Erziehungsanstalt nach Hamburg. Er empfindet sich als „Übriggebliebener aus einer gescheiterten Ehe."[43] In den frühen zwanziger Jahren lebt er zeitweise bei dem Wandervogelverleger Walter Serno in Hamburg. Er besucht unerlaubt als «Schwarzhörer» Vorlesungen der Universität und verbringt viel Zeit mit literarischer Lektüre in Bibliotheken.

---

[42] Werner Helwig, «Heinz», Erinerung an meinen ersten Wandervogelführer. In:Stichwort Heft 3 1973   S. 224. Zitiert nach Richard Bersch a.a. O. S. 205

[43] Werner Helwig, Die Parabel vom gestörten Kristall. Hg. Von der Akademie der Wissenschaften und der Literatur zu Mainz. Klasse der Literatur. Mainz 1977 S.9

„Er ist zu finden in Bibliotheken, Büchereien, Museen, um im Selbststudium seine als schmerzlich empfundenen Bildungslücken zu schließen. Auf diese Weise kann er sich ein immenses Wissen in Literatur und Sprachen, in Kunst, Musik und Ethnologie aneignen. Helwig ist auch zu finden in den Kammerspielen am Besenbinderhof, wo er z. B. die Bekanntschaft mit Klaus Mann macht."[44]

Sein unstetes Wanderleben bietet reichhaltigen Stoff, aus dem literarische Legenden gewebt werden können. Als junger Mann früh geschiedener Eltern, sehr begabt, aber ohne höheren Schulabschluss, gerät er in bohemehafte, fahrten- und literaturbewegte Kreise. Er macht eine Gärtnerlehre, besucht als Schwarzhörer Vorlesungen an der Hamburger Universität wird erwischt und verwarnt, und er kommt dann in den Kreis des Wandervogelverlegers Walter Serno. Im Jahre 1923 gerät er wegen einer Teilnahme an einer kommunistischen Demonstration in Haft. Nach seiner Haftentlassung bekommt er Unterstützung von der «Roten Hilfe», einer kommunistischen Organisation.

---

[44] Ursula Prause, Werner Helwig – ein zurückgekehrter Sohn der Stadt Hamburg. In: www.wernerhelwig.de unter dem Stichwort Archiv

Erste Gedichte erscheinen 1924 in Zeitschriften des Wandervogels. In diesen Jahren unternimmt er ausgedehnte Wanderungen in Mittel- und Nordeuropa, in denen er Personen der literarischen Welt aufsucht. So besuchte im Jahr 1923 Knut Hamsun.

„Das war 1923. Ich floh Inflation und Grippe, die zuhause wüteten und trieb mich als Landstreicher an den nördlichen Rändern Europas herum, nachdem ich teils zu Fuß, teils per Anhalter ….. durch Dänemark und das unendliche langgestreckte Schweden nach Lappland gelangt war. Von dort gelangte ich nach Narvik, reiste mit einem Trawler nach Bergen, in den Süden Norwegens hinab. Nun hatte ich diese Gepflogenheit angenommen, Schriftsteller, besonders solche, die mir wichtig waren, aufzusuchen. So kam es dazu, dass ich Knut Hamsun …. besuchte. …. Nachdem wir also zusammen gevespert hatten, … «Ich weiß, was das ist, Vagabund sein»… Er reichte mir die Hand, eine knochige, trockene mit bebenden Druck. Ich sah mich verabschiedet. Ich schwang mir den Rucksack auf den Buckel und wollte gerade gehen, als ich seinen Ruf hörte, «Einen Moment», sagte er mit sonderbar brüchiger Stimme, - «hier ist noch etwas, damit sie sich ein Nachtlager bezahlen können». Er brachte einen Zwanzigkronenschein – ein großes Stück

Geld damals – zum Vorschein, und ich nahm ihn, was blieb mir übrig, an, über und über errötend."[45]

Im Jahre 1925 suchte er Thomas Mann in München auf. „Der nächste war Thomas Mann in München, dessen schmerzlichzarten Jünglingsschilderungen («Tonio Kröger») es mir angetan hatten. Hier war ich, trotzdem das öffnende meine Aufmachung in Rippelsamt, rotem Halstuch und mit ledernden Rucksack misstrauisch musterte, ein sofort vorgelassener Gast, der unverzüglich an die gerade gedeckte Tafel geladen und von dem seine Nachmittagspost durchsehenden Hausherrn eines – von seiner Seite her belustigten – Gesprächs gewürdigt wurde.

Frau Mann schenkte mir mütterlich ein und belud meinen Teller mit *reichlich vorhandenen Gebäck. Die Rede kam auch auf den Sohn Klaus,* den ich gelegentlich seines Stückes «Anja und Esther», in dem er die Hauptrolle neben seiner Schwester, Pamela Wedekind und Gründgens spielte, erlebt hatte. «Er ist ein wenig morbid, nicht wahr?» wandte Thomas Mann sich mit fragender Miene an mich. Und ich gab Auskunft nach Wunsch und Überzeugung."[46]

---

[45] Werner Helwig, Begegnung mit Knut Hamsun. In: www.wernerhelwig.de unter dem Stichwort Autobiographie

[46] Werner Helwig, Begegnung mit Thomas Mann. Ebenda

Nach dem Besuch bei dem großbürgerlichen Schriftsteller Thomas Mann suchte Werner Helwig im folgenden Jahr den «alternativen» Schriftsteller Hermann Hesse auf. [47] „Nicht schlechter erging es mir bei Hermann Hesse in Montagnola, wo ich einen ganzen Tag und noch den nächsten halben verweilen durfte. Ich wurde an der Gartenarbeit und allen Mahlzeiten beteiligt, notierte Begeistertes über den Schöpfer des «Demian» und bemühte mich sehr knulpisch [48] aufzutreten." [49]

Von Montagnola im Tessin wanderte Helwig weiter zum Chateau de Muzot im Kanton Wallis in der Westschweiz.

---

[47] Anfang des 20. Jahrhunderts hielt sich Hermann Hesse häufiger am Monte Verità auf, dem ersten «Alternativprojekt» in der europäischen Kulturgeschichte des frühen 20. Jahrhunderts. Siehe: Robert Landmann, Ascona - Monte Verità. Auf der Suche nach dem Paradies. Frankfurt/M-Berlin-Wien 1979 (Ullstein Verlag). S. 69 und 106

[48] Hermann Hesse, Knulp. Drei Geschichten aus dem Leben Knulps. In: Hermann Hesse, Gesammelte Werke Bd. 4 Frankfurt/M 1970 (Suhrkamp Verlag) S. 437 – 525 Die längere Erzählung erzählt die Geschichte des heiteren Landstreichers Knulp, der nie sesshaft wird und am Ende seines Lebens Zweifel an seiner Existenzberechtigung hegt. Aber Gott rechtfertigt sein Wanderleben. „In meinem Namen bist du gewandert und hast den sesshaften Leuten immer wieder ein wenig Heimweh nach Freiheit mitbringen müssen." Ebenda S. 524

[49] Werner Helwig, Begegnung mit Hermann Hesse. In: www.wernerhelwig.de unter dem Stichwort Autobiographie

In der Nähe dieses «Schlösschens», in dem der bedeutende Dichter Rainer Maria Rilke die letzten Jahre seines Lebens verbrachte, schlug Helwig sein Lager auf. Und wartete geduldig auf den Dichter, und seine Geduld wurde belohnt. „Ein puppenhaft kleiner, wie für den Spaziergang in den Tuilerien gekleideter Herr im Ulster mit weißen Gamaschen kam des Weges daher, der an meinem entlanglief. .... Als er sich auf gleicher Höhe mit mir befand, hielt er an, grüßte auf Französisch und betrachtete erstaunt mein Lager. .... «Kamen sie, um hier Besuch zu machen?»   ..... «Nein», sagte ich, «dazu fehlt mir der Mut.» «Ah», meinte er und ließ etwas in der Hand pendeln, vielleicht das Einglas. Ich fühlte, wie er sich verschloss. «Wünschen Sie einen Moment einzutreten», unterbrach er schließlich das sich längende Schweigen. Ich ahnte, was er zu hören wünschte und sagte mit Bestimmtheit: «Danke nein, ich befinde mich hier recht gut». «Nun, nun», ermutigte er mich (mit ablehnender Betonung), «vielleicht ermüdet sie das hier, » (weite Gebärde über die Landschaft mit ihren mittagsblauen Bergkulissen im Hintergrund). «Gewiss nicht», sagte ich, ohne meine Lage zu verändern. Ich fürchtete ihn zu erschrecken, wenn ich mich erhöbe. Mir war meine Breite und Höhe gegenüber seiner Zierlichkeit peinlich. «Nun denn», sagte er sichtlich erleichtert, « auf gute Wanderschaft». Sprach's kehrte sich um und schritt langsam, wie innerlich gehemmt, zu seinem

Zwergenschloss."[50] Rilke ließ aber durch eine Bedienstete Helwig ein Glas Milch zukommen. Diese Begegnung fand im Herbst 1926 statt, drei Monate später im Dezember 1926 ist Rilke verstorben.

Diese Beschreibungen geben ein plastisches Bild, mit welchem Respekt sich der zwanzigjährige Werner Helwig den von ihm verehrten «Großschriftstellern» genähert hat. In seinem späteren autobiographischen Erinnerungsbuch beschreibt er, welche künstlerische Einflüsse ihn in den späten zwanziger Jahren geprägt haben. Für ihn war es die Zeit der „reichen deutschen Jahre von 1927 bis 1932, der Ernst Fuhrmann-, Theodor Däubler- und Dreigroschenoperjahre."[51] In einem anderen Zusammenhang nennt er noch die Schrifsteller Hanns Henny Jahnn, Rudolf Pannwitz und Alfred Mombert, denen er sich ebenfalls sehr verbunden fühlt.[52]

Ab 1927 beginnt eine Freundschaft mit dem bedeutenden Schriftsteller Hans Henny Jahnn, die erst mit Jahnns Tod im Jahre 1957 endet. Ab 1927 engagiert sich Helwig

---

[50] Werner Helwig, Begegnung mit Rainer Maria Rilke. Ebenda

[51] Werner Helwig, Auf der Knabenfähre. Bad Godesberg 1951 (Voggenreiter Verlag) S. 18

[52] Helwig widmet die ersten vier Hymnen seines Gedichtzyklus «Hymnen an die Sprache»Däubler, Fuhrmann, Mombert und Pannwitz. In: Mannschaft Heft 4 1963 S. 76 -79

beim Nerother Wandervogel, dessen Sitz die Burgruine Waldeck im Hunsrück ist. Die lebensgeschichtlich so wichtigen Jahre von 1923 bis 1927 bildten für Helwig eine Zeit der Orientierung und der Suche nach Leitbildern und Gemeinschaft. Er selbst charakterisiert sich als „Übriggebliebener aus einer zerbrochenen Ehe". [53] Es ist die Zeit intensiver Beschäftigung mit Literatur und Kunst und Musik. Er liest Barlach, Mombert, Jahnn und Däubler. Weiterhin sucht er wie schon gesagt Kontakt zu bedeutenden Schriftstellern seiner Zeit. Wie sehr die Literatur in jenen Jahren Orientierungshilfe für Helwig wird, kann aus seinen Wanderungen ersehen werden, denn diese Wanderungen führen nicht nur zu bekannten Autoren, wie wir weiter oben dargestellt haben, sondern sind auch literarischen Vorbildern nachempfunden:

„Ich war damals knapp 21, hatte mich eigenwillig von meinen Studien beurlaubt und trieb mich, mit Schnappsack und Teekesselchen auf dem Rücken, in der Welt herum, soweit sie sich als Europa bezeichnen ließ. Anlass dazu gaben Theodor Däublers Stromberichte aus Paris, Jakob Harringers Schnorrerhymnen aus Kaffeekonditoreien, die Bücher von Hesse – Knulp insbesondere – von Hans Reiser „Binschan der Landstreicher",

---

[53] Werner Helwig, Die Parabel ... a. a. O. S.9

Hamsuns „Pan" und Yeats „Wanderlehrer Rothanrahan". Ich hatte mir vorgenommen, es diesen dichtenden und erdichteten Figuren gleichzutun, und war dazu noch davon überzeugt, dass ich ähnlichen Typen in irgendeiner Bettlerherberge, in einer aufgelassenen Scheune, oder Höhle, oder am Waldrand beim Lagerfeuerchen begegnen müsse, ja, dass mir der fehlende Zuhörer und Freund auf die Art zufallen würde."[54] So beschreibt Helwig selbst in einem Artikel in der FAZ vom 8. April 1972 rückblickend diese frühen Lehr- und Wanderjahre.

[54] Werner Helwig, Im letzten Jahr Rilkes. In: FAZ vom 8. 4. 1972

Helwigs Leben und Werk nach 1933

1933 verlässt er Deutschland, gelangt über die Schweiz, Sizilien nach Tunis, dort wird er wegen Landstreicherei verhaftet, kommt frei, und gelangt dann nach Capri. Dort lernt er den Schriftsteller Theodor Däubler kennen, der sein Interesse für Griechenland weckt. Im Winter 1933/34 geht er nach Deutschland, um die Bündische Jugend nach der Gleichschaltung in der HJ überleben zu lassen. Der Plan scheitert, nach einer Verhaftungswelle in den Kreisen der bündischen Jugend flieht Helwig über die Schweiz wieder nach Capri. Er fühlt sich, wie er später schreibt als Emigrant, und nur die deutsche Sprache gilt ihm als Heimat. In der schon zitierten Autobiographie wird dieser Lebensabschnitt in dem Kapitel „Das Nazisyndrom" behandelt.[55]

Er war kein Widerstandskämpfer, aber versuchte sich so weit wie möglich durch Auslandsaufenthalte dem nationalsozialistischen System zu entziehen. Um eine Aufenthaltsgenehmigung in der Schweiz zu erhalten, schrieb er 1940: „ Als maßgeblicher Beteiligter an einer verbotenen pazifistischen Demonstration in Hamburg (1927)

---

[55] Ursula Prause (Hg.), Werner Helwig a.a. O. S 205 - 226

politisch vorbestraft und als Mitarbeiter an ausgesprochenen demokratischen sozialdemokratischen Zeitungen und Zeitschriften ….. floh ich am 30. Januar 1933 nachts durch die Schweiz nach Italien und von Sizilien nach Afrika, wo ich völlig mittellos von der Kolonialpolizei aufgegriffen wurde."[56]

In den Jahren 1935 - 1939 führt Helwig ein unstetes Leben, er ist ständig unterwegs. In diesen Zeitraum fallen auch seine Griechenlandreisen. Im Herbst 1935 besucht er für einige Wochen Alfons Hochhauser, den er 1928 oder 1929 auf der Burg Waldeck kennen gelernt hatte, im Pilion, und er wird ihm zum Vorbild seiner Clemensgestalt in den drei Romanen der Hellas Trilogie. Den Roman „Raubfischer in Hellas" stellt er im Frühjahr 1936 fertig und er reist nach Deutschland, um ihn dort Verlagen anzubieten. Im Herbst – Winter 1937/38 führt ihn seine 2. Griechenlandreise wieder zu Alfons Hochhauser, später im Frühjahr folgt seine 3. Griechenlandreise, sie beginnt mit einem Besuch von Helwig und Hochhauser bei Rudolf Pannwitz in Jugoslawien, der damals mit Gleichgesinnten auf der dalmatischen Insel Koloçep in

---

[56] Ursula Prause (Hg.), Werner Helwig eine nachgetragene Autobiographie. Bremen 2014 (edition lumiére). S. 206

der Bucht von Dubrovnik lebte.[57] Von dort segelten sie gemeinsam nach Korfu.

Seit dem Kriegsausbruch lebt er erst in der Schweiz und später, da er ausgewiesen wird, in Lichtenstein. Trotz dieser lebensgeschichtlicher Daten lässt sich Helwig nicht als ein klassischer Emigrant bezeichnen, denn seine Bewegungsfreiheit innerhalb Europas mit der ständigen Möglichkeit zur Rückkehr nach Deutschland scheint zumindest bis zum Kriegsbeginn nicht einge-schränkt. Seine Erzählungen und Gedichte erschienen im Nazi - Deutschland, obwohl er sich im Ausland auf-hielt. Im Jahre 1942 erhielt er sogar einen Literaturpreis für seine Erzählung „Poseidons Wiederkehr", und wie schon gesagt erschien sein Roman „Raubfischer in Hel-las" ab 1939 in drei Auflagen, im Jahre 1943 sogar als Wehrmachtausgabe.

---

[57] Rudolf Pannwitz (1881 – 1969) deutscher Schriftsteller und Philosoph. Seit 1921 lebte er mit Gleichgesinnten auf zwei jugoslawischen Inseln, erst auf Ko-ločep und später auf Korčula. Dieses Leben hat er in der Erzählung «Das neue Leben», die 1927 in München erschien, beschrieben.

Helwigs Griechenlandtrilogie

Drei mehrmonatige Griechenlandreisen und die Erzählungen und Aufzeichnungen seines Freundes Alfons Hochhauser sind der Stoff für Helwigs Hellas Trilogie. In dem ersten Band der Trilogie «Raubfischer in Hellas» reist ein männlicher Ich-Erzähler reist auf Einladung eines alten Schulfreundes aus Deutschland nach Griechenland. Clemens, der alte Schulfreund(die literarische Gestalt von Alfons Hochhauser) lebt dort seit zehn Jahren. In dieser Zeit hat er es zu einer gewissen Berühmtheit gebracht. Der Roman setzt drei Tage nach der Ankunft des Erzählers ein, der von den ersten Eindrücken überwältigt ist. Im ersten Teil des Romans erzählt Clemens seine Geschichte, wie er zu den Raubfischern gelangte. Ihr Raub besteht darin, dass sie illegal mit Dynamit fischen. In den Erzählpausen erlebt der Erzähler Clemens bei dessen alltäglichen Leben, Fischfang, Leben bei den Raubfischern und Fischverkauf. Zwischendurch erzählt er ihm weitere Episoden aus den Jahren seines Aufenthaltes in Griechenland. Mit einem Unternehmer, der ihn mit nach Saloniki nahm, versuchte er dort Geschäfte zu machen. Aber das städtische Leben hielt ihn nicht, er hatte Sehnsucht nach dem Pilion, so kehrte er wieder zurück nach Volos. Mit einem Rucksack voller Vorräte und Werkzeug bestieg er mitten im Winter die

Bergkette des Pilion.   „Die Kälte setzte ihr Wolfsgebiss an. Ich stand wehrlos wie der erste Mensch zwischen den Gewalten. Und bewegte mich dennoch so selbstverständlich zwischen ihnen, als wäre alles nach meinem Maß gemacht. Als könnte ich hier gar nicht umkommen oder untergehen; es sei denn die große Rechnung stimme nicht, und für solche Zweifel war keine Zeit."[58]

Trotz der harten äußeren Bedingungen in der winterlichen Gebirgslandschaft, in der er draußen campierte und schlief, hatte er die Perspektiven seines zukünftigen Lebens gefunden. „Und so, in meinem wachen Schlaf, fühlte ich eine dichte Welle Frieden mich durchströmen. Ich wusste, ich sei meinem neuen Dasein gewachsen, ich würde damit fertig werden."[59]

---

[58] Ebenda S. 29

[59] Ebenda

Buchumschlag der Erstausgabe

Nach dieser abenteuerlichen und gefährlichen Wanderung durch die gebirgige Winterlandschaft des Pilion gelangte er wieder zu seinen Fischern. „Ihre Verblüffung, dass ich mit so windiger Ausrüstung 14 Tage Pilionwinter überleben konnte, blieb noch lange wach in ihren

Gesprächen. Sie gaben mir den Namen Xenophon, was nach ihrer Deutung besagt: der fremde Ton.“[60]

Mit der Namensgebung war Clemens in die Gemeinschaft der Fischer aufgenommen, aber als einer der ihren, deshalb konnte er sie auch nicht mit klugen Argumenten von der Schädlichkeit des Fischens mit Dynamit überzeugen. „Aber es ging nicht in ihre Köpfe. Sie erwiderten auf meine Vorhaltungen: das Meer ist reich und wir sind arm. Dynamit hilft uns am besten bei der Arbeit. Da half keine noch so kluge Rede.“[61] So eröffnet Clemens, Xenophon, anfangs eine Kaffeeschänke, die sich mit der Zeit zu einer einfachen Fischtaverne entwickelt. Bezahlt wurde mit edlen, sprich teuren Fischen, wenn es einen Überschuss gab, trug er sie nach Volos zu Fuß in einer einfachen Transportkiste. „Wenn man von Kuluri aus in südwestlicher Richtung den Pilion hinansteigt und auf der anderen Seite ebenso hinab, kommt man geradewegs nach Volos. Immerhin sind es 40 Kilometer. Daran hatte ich mich langsam zu gewöhnen. Musste es außerdem noch so einrichten, dass ich meine Fische noch am Vormittag ausrufen konnte. Schon nach zwölf war

---

[60] Ebenda

[61] Ebenda S.30

meine ganze Fracht wertlos und wurde auch vom Fischhändler schlecht bezahlt." [62] Aber dieser strapaziöse Transport brachte ihm sichere Einnahmen, aber diese Sicherheit begann ihm zu missfallen. „Ich sehnte mich nach Unsicherheit, Not, Kampf."[63]

Nach diesen Rückblicken auf die zurückliegenden Erlebnisse des Clemens, alias Xenophon, bestehen sie, Clemens und sein Erzähler, am Ende des ersten Teils des Romans einen heftigen Sturm auf hoher See. Im zweiten Teil nehmen beide an einer Hochzeit im Dorf teil.

 Clemens berichtet von seiner Begegnung mit Psarothanassis, einem tyrannischen Raubfischer und von dem Beginn seines selbständigen Fischerdaseins. Der Raubfischer beschäftigt sich neben der Dynamitfischerei vor allem mit dem Schmuggel und dem Verkauf antiker Kunstschätze. Er beginnt allmählich die Mitwisserschaft des Clemens zu fürchten und will sich seiner entledigen. Aber im Kampf erschlägt ihn Clemens. Er bemächtigt sich seiner Schätze und vergräbt sie. Er kauft sich ein eigenes Schiff und plant mit den Schätzen eine Fischereigenossenschaft zu gründen, um die Dynamitfischerei zu beenden.

---

[62] Ebenda s. 31/32

[63] Ebenda S.32

Die Episode mit dem Herr – Knecht Verhältnis zwischen Psarothanassis und Clemens kann in ihrem Bezug zu despotischer Herrschaft der faschistischen Regimes der Zeit gelesen werden:

„Ein Stein, dick wie ein Rindsschädel, war mit furchtbarer Gewalt auf jene Stelle geschleudert worden, wo eben noch mein Ohr lag. Die Splitter umsprangen mich, flitzten mir um die Augen.

Der Alte stand über mir, hatte die Arme wie ein Wahnsinniger zum Himmel hochgestreckt und schrie: …..

Und meine Faust, die sich mit kaltfließender Härte füllte, traf wie von selbst seine Schläfe. …… Er stürzte, lag mir zu Füßen. Mit ausgerenkten Zügen, vergehenden Gesicht, schlaff, von seinem Willen verlassen.

Und ich loderte empor in einem ungeheuren Triumph: den Sklaven in mir hatte ich zugleich mit ihm bezwungen. – In erzgegossener Einheit stand ich vor dem Meere, vor den Sternen und jubelte … jauchzte.“[64]

Der Roman erschien 1939, während des Krieges erschienen noch drei weitere Auflagen, eine davon sogar in der Soldatenbücherei, die von der Wehrmacht herausgegeben wurde. In einem Nachwort aus dem Jahre 1959 formulierte Helwig den politischen Anspruch, den er mit

---

[64] Werner Helwig, Raubfischer in Hellas. München 1972 (Herbig) S. 116

diesem Roman in der schwierigen Zeit des Faschismus verfolgte. „ Die Raubfischer entstanden in einer Zeit der sich entwickelnden und aufstrebenden Diktaturstaaten. Der Autor wollte in ihnen gewissen Warnungen in verhüllter Form zum Ausdruck bringen. Eine andere Möglichkeit, sich vor dem Forum der Gegenwart Gehör zu verschaffen, bestand für ihn nicht. Dass ein Buch, noch dazu ein Roman, die geringste Handhaben dazu böte, war ihm klar. Trotzdem schien ihm nötig, seine Warnungen zu kaschieren, um nicht ein Verbot zu riskieren. Heute entfällt diese Zwangslage, denn wir leben vorübergehend diktaturfrei und die Raubfischer können so auftreten, wie sie urtextlich gemeint waren." [65] Der Knecht, der sich gegen seinen tyrannischen Herr auflehnt, also ein Tyrannenmord, bildet auch in der exotisch – abenteuerlichen Geschichte des Romans eine eindeutige Botschaft. In dem Aufsatz «Fluchtversuche aus der Moderne, Lebensentwürfe in Werner Helwigs Roman Raubfischer in Hellas» widerspricht Carsten Würmann dieser Interpretation: „Das Ausblenden eines jeden Hinweises auf das nationalsozialistische Deutschland kann auch mit der apolitischen Haltung dieser von Hans Dieter Schäfer herausgearbeiteten Generation

---

[65] Werner Helwig, Raubfischer in Hellas. Frankfurt am Main 1954 (Fischer) S. 226

junger Autoren erklärt werden, zu der Helwig hinzugezählt werden darf. Die zeitweise Unterordnung Clemes' unter die Herrschaft des Psarothanassis bei der Bewahrung der inneren Unabhängigkeit ließe sich ohne weiteres als Bekenntnis zum Erdulden der NS – Diktatur lesen, stände am Ende nicht die Auflehnung und Ermordung. Somit wäre auch eine antidiktatorische Sichtweise auf den Text möglich, Helwig selbst vertritt sie nach dem Krieg; sie trifft den Roman meiner Meinung nach aber nicht."[66] Hier widerspricht der Interpret sich selber, eine „quietistische" Haltung im Sinne der inneren Emigration traut er Helwig zu, aber dummerweise passt sie nicht in die Handlung des Romans, aber dennoch bleibt Würmann bei seiner Meinung, da nicht sein kann, was nicht sein darf.

In einer anderen Interpretation von Dorota Cygan wird zwar die Herr und Knecht Beziehung übersehen, aber der alternative Entwurf einer friedlichen Gemeinschaft wird durchaus gesehen: „Er tötet den Raubfischer Psarathanassis zwar ebenfalls instinktiv, in Selbstverteidigung, legt sich aber Rechenschaft über das Geschehene ab. Nachdem er zu den Raubfischern zurückgekehrt ist, erkennt er seine Veränderung. Ihn trennt von ihnen

---

[66] Carsten Würmann, Fluchtversuche aus der Moderne. In:Delabor, Denkler u. Schütz (Hg.), Spielräume des Einzelnen. Deutsche Literatur in der Weimarer Republik und im Dritten Reich. Berlin 1999 S. 69 (Weidler)

nicht nur die Ebene der Reflexion, sondern auch die Erfahrung des Totschlags. Infolge einer Selbstbefragung auf dem Berg entschließt er sich zu einer gemeinnützigen Aufgabe. Er will eine «eine Fischerinnung ... aus der Überzeugung des Herzens» gründen und die Dynamitfischerei beenden." [67] Aber die Befriedung der Welt, also die Fischerinnung – als Modell eines befriedeten Meeres, sprich befriedeten Welt – ist erst nach der Ermordung des Tyrannen möglich. Und der ist eine Notwendigkeit entsprungen und nicht einer instinktiven Handlung, diesen eindeutigen Zeitbezug auf die faschistischen Diktaturen übersieht Dorota Cygan in ihrer Interpretation, da sie Helwig zusammen mit anderen Autoren seiner Zeit gleich in eine apolitische Ecke stellt. „Bei Helwig, wie auch bei anderen Vertretern der jungen Generation, sind in diesem Bereich keine expliziten Indizien zu finden und nur selten ein entferntes Echo der Großen Geschichte zu vernehmen."[68]

In der offiziellen Literaturgeschichtsschreibung wurde der zeitkritische Gehalt des Romans ebenfalls unterschiedlich bewertet. Im Kindler Literatur Lexikon heißt

---

[67]Dorota Cygan, Zum Abenteuer verdammt – Außenseitergeschichten bei Werner Helwig und Sergiusz Piasecki. In: Beiküfner/Siebenpfeifer (Hg.), Zwischen den Zeiten. Junge Literatur in Deutschland von 1933 – 1945 Berlin 2000 (Edition Lotos) S. 69

[68] Ebenda s. 71

es: „ Doch fällt es schwer, in der Handlung mehr als will-
kürliche und lediglich in Einzelheiten zutreffende Paral-
lelen zur Entwicklung nach 1933 zu finden. ..... Einer zeitkritischen Auslegung der auftretenden Gruppen und Figuren scheint sich der Roman zu entziehen, so sehr auch
beispielsweise Kapitän Athanapsaris (gemeint der Raubfischer Psarothanassis, d. V.) Verkörperung dämoni-
schen Machtriebs, gelegentlich an faschistische Diktaturen erinnert."[69] Anderer Auffassung ist dagegen Uwe
Schultz im Handbuch der deutschen Gegenwartslitera-
tur, der unsere Interpretation teilt, indem er feststellt: „
Ein Roman, dessen archaisch – schlichte und gleichzeitig
tragisch – große menschliche Beziehungen die Gefahren
andeuten, die über Deutschland heraufkamen. Das er-
folgreichste Werk des Autors beschwört und symboli-
siert in der Vorausschau den drohenden politischen
Kampf, dessen Ausgang hier noch ungewiss erscheint
und nur durch die verzweifelte Hoffnung offen gehalten
wird, der Held Clemens sein in seiner mühsam – energi-
schen Abwehr nicht tragisch notwendig dem Unter-
gange überantwortet."[70]

In Übereinstimmung mit dieser Interpretation, die dem
Roman einen zeitkritischen Gehalt zuspricht, versteht

---

[69] Zitiert nach Muschelhaufen Nr. 26 1988. Sonderheft Werner Helwig. S. 7

[70]Ebenda S. 7

sich, dass der Roman „Raubfischer in Hellas" nicht nur als eine Variante eines alternativen Lebensentwurfs zur kulturell – industrieller Moderne gelesen werden kann. Er führt zwar die Lebens- und Gedankenwelt der Wandervogel- und Jugendbewegung fort, aber der im Roman dargestellte Tyrannenmord nimmt Bezug auf die damaligen historischen Ereignisse mit den Bedrohungen durch die faschistischen Machtergreifungen in Italien und Deutschland. Und deshalb kehrt im Gegensatz zu den anderen Reiseromanen junger deutschsprachiger Autoren der dreißiger Jahre, der Held in Helwigs Roman nicht zurück, sondern er kehrt dem faschistischen Deutschland den Rücken zu.

In einer Studie zu den deutschsprachigen Reiseromanen der 30er Jahre stellt Johannes Graf fest: „ die Helden reisen und kehren zurück und reflektieren dabei und damit ihr Verhältnis zu Deutschland."[71]

Dagegen endet Helwigs Roman: „Nebeneinander stehend fuhren wir langsam in die leere Helle des Ostens."[72]

---

[71] Johannes Graf, Die notwendige Reise. Stuttgart 1995 (M&P Verlag) S.329

[72] Walter Helwig, Raubfischer a.a. O. S. 150

Die Autoren Werner Helwig und Kostas Akrivos

Trotz ihrer unterschiedlichen literarischen Gestaltung lassen sich inhaltliche Überschneidungen bei einer Reihe von Motiven in beiden Romanen feststellen. Die Begegnung mit dem Raubfischer Psarothanassis, aus der sich in Helwigs Roman das Kernstück des Romans entwickelt, wird auch von Akrivos dargestellt, aber in einer ganz anderen Art und Weise. „Als ich an die Küste kam, traf ich einen mir unbekannten Mann. Er stellte sich mir als Psarothanassis vor. Er nahm mich mit, ich schlief auf seinem Boot, als ich aufwachte, befanden wir uns auf dem offenen Meer in der Nähe der Sporadeninseln. Seit jenem Tag war ich sein Gefangener. Er brauchte mich beim Fischen mit Dynamit. Ab und an hatte er schreckliche Anfälle. Ich wagte nicht abzuhauen. Er gab mir nur wenig zu essen, sodass ich ständig hungrig war, und er drohte mir nicht an Flucht zu denken. Wenn er schlief, hatte er einen Fuß auf mich gelegt, um meine geringste Bewegung bemerken zu können und somit jeden Möglichkeit einer Flucht zu verhindern. Ich arbeitete wie ein Sklave."[73] Das Herr- und Knechtverhältnis wird hier zwar angedeutet, aber es wird nicht wie bei Helwig literarisch verarbeitet. Für Akrivos ist der entscheidende Punkt, ob

---

[73] Akrivos, Alfons Hochhauser… a.a. O. S. 140

sich Hochhauser als Angehöriger der Wehrmacht schuldig gemacht hat, oder nicht. Er hat im Gegensatz zu Helwig nicht das abenteuerliche Leben von Hochhauser als literarischen Stoff frei verarbeitet, sondern er hat stattdessen das Leben von Hochhauser in einer literarischen Biographie verarbeitet. Er hat sich aber dabei, wie wir schon mehrfach betont haben, der literarischen Freiheit des Romans bedient.

Bei Helwig hat die erste Begegnung seines Protagonisten mit dem Raubfischer Psarothanassis einen dämonisch – unheimlichen Charakter. „Psarathanassis, Nicht-sterben-könnender-Fischer, diesen Namen hatte ich oft erwähnen hören. Dunkle Geschichten waren damit verknüpft."[74] Und er ruft Hass und die Gewissheit einer späteren „erbitterten Feindschaft" bei Clemens hervor. Das spätere Herr – Knecht Verhältnis kündigt sich an, es entwickelt sich zu einem zentralen Motiv des Romans mit den dramatischen Ausgang, den wir oben geschildert haben. Bei Akrivos heißt es dagegen am Ende des Abschnitts mit dem Raubfischer Psarothanassis: „Nach langer Zeit verließ er mich an der Küste von Aghiokampos. Aus dieser Geschichte entstand ein Buch und später ein Film."[75]

---

[74] Helwig, Raubfischer… a.a. O. S. 53

[75] Akrivos,Alfons Hochhauser … a. a. O. S. 140

Ein anderes Motiv taucht häufiger in beiden Romanen auf, da es sehr drastisch die Stärke und Ausdauer von Alfons bzw. Clemens demonstriert. „Alfons schleppte die Kiste mit den Fischen und schaffte sie hinunter nach Volos, um sie dort zu verkaufen. Sechs Stunden Fußweg..“[76] In Helwigs Roman wird dieser Vorgang ausführlicher geschildert. „Die Schlepperei war allerdings beschwerlich. Ich hatte mir jedoch eine Transportkiste gebaut, die man am breiten Riemen auf den Rücken tragen konnte. Der Weg, den ich mit meiner Ware zu machen hatte, war nichts weniger als bequem. Wenn man von Kuluri aus in südwestlicher Richtung den Pelion hinansteigt und auf seiner anderen Seite ebenso hinab, kommt man geradewegs nach Volos. Immerhin sind es gegen 40 Kilometer. Daran hatte ich mich langsam zu gewöhnen. Musste es außerdem noch so einrichten, dass ich meine Fische am Vormittag ausrufen konnte. Schon nach zwölf war meine ganze Fracht wertlos und wurde auch vom Fischhändler schlecht bezahlt.“[77]

Kostas Akrivos wusste natürlich von Helwigs Roman, der auch mehrfach erwähnt wird, er zitiert auch zwei Passagen daraus,[78] aber er spricht

---

[76] Akrivos, Ebenda S. 16

[77] Helwig, Raubfischer a. a. O. S. 31/32

[78] Akrivos, Alfons Hochhauser a.a. O. S. 49/50 und S. 145/146

Hochhauser und Helwig im Pilion

weder Deutsch, noch hat er tiefere Kenntnisse der deutsche Literaturen, geschweige denn von der Jugendbewegung, der Hochhauser und Helwig, wie wir in der vorliegenden Arbeit dargelegt haben, entstammten. Akrivos wurde in einem Dorf des Pilion geboren und lebt in

Volos als Lehrer, in seiner Jugend ist er dem Alfons Hochhauser nie bewusst begegnet, obwohl er nicht weit entfernt von ihm lebte. Aber er hatte schon von ihm gehört.

Als Schriftsteller faszinierte ihn das Leben des Alfons Hochhauser, der nach seinem Tod im Jahre 1981 bei den älteren Leuten des Pilions zu einer Legende geworden war. Akrivos wählt die Form des dokumentarischen Romans, der ihm die Möglichkeit gibt, literarisch das Leben Hochhausers und zugleich seine eigene Recherche darüber darzustellen. Zwei Episoden aus dem Leben des Alfons Hochhausers im Pilion finden ein gesondertes Interesse des Erzählers, einmal der mysteriöse Tod der Wiener Schriftstellerin Helga Pohl, eine wahre Begebenheit im Juni 1963, und sein Freitod im Jahre 1981.

Der Roman ist eine Collage von literarisch – fiktiven Texten, echten und fiktiven Dokumenten. Der Autor beharrt auch darauf, dass es sich um einen literarischen Text, eine Art dokumentarischen Roman, und nicht um eine Biographie handelt. Akrivos lässt uns durch das Auge des von ihm im Roman literarisch geschaffenen Autors in der Form eines Ich - Erzählers, sozusagen seines «Alter Ego», an der Recherche teilnehmen. Das wird gleich zu Beginn des Romans deutlich.

„Samstag, 16. Dezember. Morgendlicher Lauf auf dem Hügel Goritsa. Das winterliche Wetter, der Berg im Nebel, die Dörfer Portaria und Makrinitsa hinter Wolken verborgen, hebt meine Laune. Schnee liegt in der Luft. Das Kafeneion von Anavros hat zu dieser Zeit nur wenige Besucher, das erspart mir die ansonsten zahlreichen Begrüßungen.

Ich setze mich in meine gewohnte Ecke und blättere in den Zeitungen. Am interessantesten ist die Beilage der Tageszeitung Ta Nea …… der Journalist berichtet dort über das abenteuerliche Leben eines merkwürdigen Mannes. Aufmerksam beginne ich zu lesen.

Die Geschichte des Alfons Xenophon Clemens Hochhauser

Alfons wurde im Mai 1906 in Österreich geboren …..“[79]

Im Rahmen seiner Recherche trifft der Ich – Erzähler auf Alfons Stieftochter Eleni Vorre. „ Frau Eleni lebt im Erdgeschoss eines zweistöckigen Hauses, das ein prächtiger Garten umgibt. Hier wurde Alfons beherbergt, wenn er in die Stadt kam. Sie selbst betont mit Nachdruck, nie wollte er im Haus schlafen, er nahm sein Bettzeug und ging nebenan in den Lagerraum. Er war ein merkwürdiger Mensch. Aber zugleich umgänglich, gutherzig, ein starker Charakter und ein kräftiger Mann, doch häufig

---

[79]Kostas Akrivos, Afons Hochhauser a.a. O. S. 7

angespannt und unruhig, sehr unruhig. Das sind ihre eigenen Charakterisierungen.“[80]

Den Ich – Erzähler beschäftigt die Frage, war Alfons ein Nazi, als er 1941 als Dolmetscher der Wehrmacht nach Griechenland zurückkam.

Negative wie positive Einschätzungen hat der Ich – Erzähler dazu gehört und ausführlich dokumentiert. Er kommt zu dem Ergebnis: „Er war kein Nazi.“[81] In den Worten von Alfons heißt es: „Aber ein Großteil des schlechten Geredes über mich stammte von den griechischen Kollaborateuren. Von ihnen wurden gegen mich Anklagen bei meinen Vorgesetzten erhoben, dass ich gefährdeten Griechen oder sogar Widerstandskämpfern gegen die Wehrmacht helfe. So ganz Unrecht hatten sie damit natürlich nicht.“[82]

Und abschließend: „Eins kann ich jedoch guten Gewissens behaupten: Ich habe nicht getötet, nicht gefoltert und nie einen Griechen denunziert.“[83]

---

[80] Ebenda S. 29

[81] Ebenda S. 99

[82] Ebenda S. 98

[83] Ebenda S. 99

Zwei unterschiedliche Schriftsteller aus zwei sehr unterschiedlichen Kulturkreisen mit vollkommenen verschiedenen weltanschaulichen Hintergrund hat das Leben des Alfons Hochhauser so sehr fasziniert, das sie es, jeder auf seine Weise, literarisch verarbeiteten.

Interessant ist, dass sich in diesem Zusammenhang vielfache deutsch – griechische interkulturelle Beziehungen verschränken.[84] Zuerst der deutschsprachige Aussteiger, der als Xenophon von den einheimischen Fischern als einer der Ihren aufgenommen wird. Auch er selbst empfindet das in Helwigs literarischen Darstellung. „Ich konnte begreifen, dass diese Berge, diese Meere mit mir auf Du standen. Ich konnte mich in meinen Fischerfreunden begreifen. Ich verstand mich selbst in ihrem kalten Frevel, bekämpfte mich selbst in ihnen. Die Heimat hatte ich so sehr verlassen, dass sie mich mit keinem Ruf mehr erreichte."[85] Bei Akrivos heißt es im Bericht eines Zeitzeugen, dass er schon zu Lebzeiten eine „Legende" geworden war.[86] In Helwigs Roman heißt es: „Sein Name war in der ganzen griechischen Inselwelt schon

---

[84] Wir zählen in diesem Zusammenhang den Österreicher Alfons Hochhauser zum deutschsprachigen kulturellen Zusammenhang.

[85] Helwig, Raubfischer ... a. a. O. S.67

[86] Akrivos, Alfons Hochhauser ... a. a. O. S. 36/37

ein Begriff."[87] Der Aussteiger aus der alten Gesellschaft, seiner Heimat, wurde zum Einsteiger in die neue. Während in Helwigs Roman die Fischer Alfons mit den von ihnen gegebenen Namen Xenophon in ihre Mitte aufnehmen, ist bei Akrivos, der aus Alfons Tagebüchern zitiert, echten oder literarisch erfundenen lässt er offen, ein Hirte, der ihn Xenophon nennt. In beiden Romanen wird er zum Mittelpunkt der kleinen Gemeinde der Fischer, da er eine Fischtaverne betreibt, in der sie sich fast alltäglich treffen. Berühmt war seine Fischsuppe, und er wurde in Naturalien, mit Fischen, bezahlt.

Viele Geschichten und Legenden ranken sich um ihn, viele davon spürt Akrivos in seinem Roman auf, und im Roman verlangt der todkranke Vater des Erzählers, dass er ein Buch über Alfons schreiben sollte: „…. mein Vater verlangt von mir, ich soll ein Buch über einen ihm und mir unbekannten Menschen schreiben, der zudem aus einem anderen Land mit einer anderen Kultur und Lebenseinstellung stammt."[88]

---

[87] Helwig, Raubfischer a. a. O. S. 12

[88] Akrivos, Alfons Hochhauser … a. a. O. S. 175

Der Erzähler lässt eine Reihe von Zeitzeugen zu Wort kommen, für die ernst zu nehmenden unter ihnen ist Alfons eine „bedeutenden Persönlichkeit"[89], oder „eine Legende"[90]. Der Erzähler resümiert: „ Er lebte alleine, nur auf sich gestellt in den Bergen, ertrug Hunger Strapazen und Schmerzen: meine Hochachtung. Er wollte naturverbunden leben und einen alternativen Beruf ausüben: ich ziehe den Hut vor ihm. Während ich Informationen über Alfons sammelte, um ein Psychogramm von ihm zu erstellen, schraubte ich meine Ansprüche an seine Person von Tag zu Tag höher. Die Dokumente, die in meine Hände gelangten, machten mir deutlich, welch außergewöhnlicher und aufrechter Mensch er war. Ich wollte ihn weder von seinen zweifelhaften Handlungen freisprechen, noch ihn idealisierend mit einem Heiligenschein versehen. Mir wurde immer klarer, in seinem hageren Körper steckte eine edle und unverfälschte Seele."[91]

In diesen literarischen Darstellungen beider Schriftsteller lassen sich zahlreiche interkulturelle Elemente feststellen, der Fremde wird als Fremder akzeptiert und in

---

[89] Ebenda S. 26

[90] Ebenda S. 37

[91] Ebenda S. 123

die Gemeinschaft aufgenommen, aber seine Namensgebung weist weiterhin auf seine Fremdheit hin. Alfons alias Xenophon versucht mit wechselnden Erfolg verschiedene Projekte, die einer Ideenwelt aus einem anderen Kulturkreis entstammen, zu verwirklichen. Mit seinen Ideen traf er auf eine ländlich – traditionell geprägte Gesellschaft, die einen eher statischen Charakter hatte.

Hochhauser resümiert sein Leben in einem Brief aus dem Jahre 1969, den Akrivos als Dokument in seinen Roman einflechtet: „ Was ist meine persönliche Situation? …. Ich bin hier weiterhin ein Fremder, beliebt bin ich nicht. Meine alten Freunde schätzen mich, aber niemand würde mich unterstützen, wenn er dafür Nachteile in Kauf nehmen müsste."[92] Hier reflektiert Hochhauser auf seine Überwachung durch die Polizeiorgane, denen er während der Zeit der Junta ein Dorn im Auge war. „Die Polizei und einige Militärs würden mich lieber in der Stadt unter ihrer Kontrolle sehen, als außerhalb ihrer Kontrolle auf dem Meer in unzugänglichen Gegenden."[93]

Hochhauser entfloh der modernen dynamischen Gesellschaft ganz im Geiste der Jugendbewegung, um ein

---

[92] Ebenda S. 83

[93] Ebenda S. 83

einfaches naturnahes Leben zu führen. Bei Akrivos heißt es, zitiert aus Alfons Tagebüchern, ob sie echt sind, oder nicht, darüber lässt uns der Autor im Unklaren: „1924 – 1939: 15 Jahre Ferien. Ein sorgloses Leben ohne konkreten Plan und Ziel, ohne größeres Interesse an den wichtigen Ereignissen, die ich gar nicht zur Kenntnis nahm und die mich deshalb auch gar nicht beschäftigten."[94] Helwig schildert in seinem Roman, das ländlich - periphere Griechenland der 30er Jahre, in dem sein Freund Clemens alias Alfons Hochhauser lebt. Neben der realen Begegnung mit dem Raubfischer Psarothanassis, die er als Herr – Knecht Thematik zu einem Kernstück des Romans literarisch ausgearbeitet hat, zum Ärger von Hochhauser, der sich zu Unrecht als Mörder dargestellt sah.[95] Helwig entwickelt diese Geschichte weiter, Clemens findet im Boot des Raubfischers eine Schatzkiste, die er versteckt, um später mit diesem Geld eine Fischerinnung zu gründen, die die Fischer unterstützt und ihnen hilft in Zukunft ohne Dynamit zu fischen. Und so wird das Meer wieder gesunden und sein Gleichgewicht wiederfinden. Dieser Plan nach dem Tyrannenmord, kann durchaus als eine gesellschaftliche Utopie verstanden werden. Das Meer steht für die Welt, die befriedet oder

---

[94] Akrivos, Alfons Hochhauser, a. a. O. S. 95

[95] Siehe www.wernerhelwig.de unter dem Stichwort Briefe

gesund werden soll. Aber der Plan scheitert, Clemens kehrt ohne den Schatz zurück und ohne das Geld lässt sich die Utopie nicht verwirklichen. „Als sein Blick meinen Blick traf, kurz vorm Boot, das ich ihm vor ein paar Steinklötze lenkte, damit er aufspringen könne, wusste ich schon, was geschehen war. Wortlos ergriff er sein Ruder. Nebeneinander stehend fuhren wir langsam in die leere Helle des Ostens."[96]

In einem Nachruf auf Alfons Hochhauser aus dem Jahre 1981 schreibt Werner Helwig: „Durch meine vier Griechenlandromane, die seit 1939 nach und nach erschienen, ist er weithin unter den Namen «Clemens» oder «Xenophon» bekannt geworden. Xenophon – der fremde Ton. Als solcher wurde er für mich zu einem, mein Dasein schöpferisch veränderndes, Verhängnis. Wir wurden Freunde durch viele gemeinsame in Griechenland verbrachte Monate und wir blieben es für alle seither vergangene Jahre: eine unabdingbare, gelegentlich durch Schwierigkeiten bedrohte Einigkeit. Er war ein frei sich hinschenkender Mensch, jedoch mit der Beigabe eines oft diktatorisch auftretenden Stolzes. .... Was Hellas ihm ein Leben lang wurde, was dieses Hellas mir, durch ihn hindurch gab, versteht sich unter diesem Aspekt. Durch mein Mitgerissensein verwandelte es sich in

---

[96] Helwig, Raubfischer ... a.a. O. S. 151

Sprache. Er hat mich oft wissen lassen, dass mir das, durch unsere beider Medium bedingt, gelungen sei."[97] Mit seinen Griechenlandromanen und besonders mit den Raubfischern verleiht Helwig seinem Freund Hochhauser eine Stimme, sein Leben und seine Ideen finden einen literarischen Ausdruck.

[97] Akrivos, Alfons Hochhauser, … a. a. O. S.166/167

Alfons Hochhauser

Akrivos schildert das Leben und Ideen des Alfons bis zu seinem Tod im Jahre 1981. Neben seinem Verhalten im Krieg als Dolmetscher der deutschen Wehrmacht, das wir schon weiter oben behandelt haben, interessiert er sich besonders auch für die Aktivitäten des Alfons seit Anfang der 50er für den heute sogenannten «alternativen» oder «sanften» Tourismus. Sein Erzähler sammelt dazu viel Material und Berichte von Zeitzeugen, die Alfons noch persönlich kannten. Ein Zeitzeuge berichtet: „Wie du siehst er war ein Prophet, ein besonderer Mensch. Was erzählte er uns nicht alles und immer wieder. Er sagte, es wird der Tag kommen, an dem unser Dorf im Müll ersticken werde, und das trat ein. Und, dass alles zubetoniert werde, und auch das passierte. Wir sollten den Strand von Koulouri schützen. Aber wir haben Hand angelegt und uns dabei ins eigene Fleisch geschnitten."[98]

Diese beiden Romane geben uns auch aus einer interkulturellen Sicht ein interessantes Bild der griechischen Provinz im 20. Jahrhundert während des beginnenden Prozesses der Modernisierung und zugleich vermitteln sie uns in literarischer Gestaltung die nicht minder interessante Biographie des Alfons Hochhauser aus zwei verschiedenen Blickwinkeln.

Werner Helwig, der den Helden seiner Griechenlandtrilogie um einige Jahre überlebte, schrieb zum Tod von Hochhauser in seinem Nachruf: „Alfons, großer Kamerad, ich rufe dir jenes Wort nach, das ich an deiner Seite

---

[98] Akrivos, Alfons Hochhauser, … a. a. O. s. 17

kennenlernte und das den einfachen Menschen im damaligen Piliongebiet geläufig war, solange einer von uns lebt, leben wir beide."

Die Rezeption des Romans und seine vielfältigen interkulturellen Nachwirkungen

Letztes Jahr ist der Roman von Werner Helwig, „Die Raubfischer in Hellas" auf Griechisch erschienen. Ein deutsch – griechischer Freundeskreis hat sich im Pilion gegründet und dort ein kleines Kulturhaus gegründet, das sich mit Ausstellungen und Veranstaltungen dem Leben und Werk des Alfons Hochhauser widmet. Wir haben hier in der Person des Alfons Hochhauser einen Wanderer zwischen den Kulturen erlebt, der auch eine interkulturelle Akzeptanz erfährt. Meines Erachtens ein Sonderfall in der Literatur. Die interkulturellen Auswirkungen sind bemerkenswert, da sie die Grenzen der Literatur übersteigen.

Im Vorwort zur griechischen Ausgabe des Romans von Werner Helwig heißt es: „Im Nordosten des Piliongebirges, zwischen den Dörfern Pouri im Süden und Veneto im Norden, beobachten Hirten, Köhler, Fischer und Jäger seit den 50er Jahren des vergangenen Jahrhunderts immer wieder ausländische Wanderer, die in dieser gottverlassenen Gegend umherstreifen. Oft sind es Gruppen, nicht selten einzelne Personen, Jugendliche, aber auch betagte Männer. Fragt man sie, was sie ausgerechnet in diese einsame Gegend führt, die in keinem Reiseführer erwähnt wird, so ziehen sie möglicherweise ein kleines Buch aus der Tasche: «Helwigs Raubfischer». Dieses Buch hat sie hierher geführt. Sie wollen den Spuren des Romans folgen und die Orte der Handlung aufsuchen."[99]

Hochhauser war für viele Jugendliche aus der bündischen Jugend ein Held und ein strahlendes Vorbild auf ihren Griechenlandfahrten seit den 50er Jahren. Ein Aktivist erinnert sich anlässlich des hundertsen Geburtstages von Alfons Hochhauser: „Umgekehrt waren die Pelioniten erstaunt, dass da Jungen aus dem fernen Deutschland gekommen waren, deren Väter noch vor neun Jahren gegen sie gekämpft hatten, und die Bescheid wussten über den seltsamen «Paraxenos» - den wunderlichen Mann aus Avstria, der im ganzen Pelion hohes Ansehen genoss; dass die Jungen wussten von den Menschen, mit denen er zusammengelebt und von den Orten, an denen er gehaust und gearbeitet hatte."[100]

Aber der Autor reflektiert auch auf die interkulturellen Auswirkungen dieser Aktivitäten. Die Jugendlichen haben sich vorbereitet auf diese Wanderfahrten, nicht nur

---

[99] Dieter Harsch, Vorwort zur griechischen Ausgabe des Romans. Werner Helwig, Οι Ληστές του Βυθού. Θεσσαλονίκη 2013 (εκδόσεις iWrite) S. 5

[100] Jürgen Kahle, Alfons Hochhauser zum Hundertsten. In: Köpfchen. Ausblicke-Einblicke-Rückblicke. Heft 1 April 2006 S. 21

durch die Lektüre von Helwigs Griechenland- Romanen, sondern auch mit landeskundlichen und sprachlichen Vorbereitungen, wie die zahlreichen Broschüren, die ihren Fahrten dokumentieren, belegen. Auch der im Jahre 2014 verstorbene Kollege Klaus Konrad Knopp hat an solchen Fahrten in den 50er Jahren teilgenommen, im Anhang werden wir einige seiner Aufzeichnungen aus dieser Zeit dokumentieren. Jürgen Kahle beschreibt in seinem Artikel auch die interkulturellen Beziehungen zwischen den Griechen dieser Region und den dort wandernden Jugendlichen. Auffällig ist die positive Aufnahme und Gastfreundlichkeiten der Griechen diesen Jugendlichen gegenüber, obwohl ihre Väter doch noch vor wenigen Jahren als Angehörige der deutschen Wehrmacht ihre Feinde gewesen waren. Der Autor beschreibt seine diesbezüglichen Erfahrungen wie folgt: „Jungen, die in tagelangen beschwerlichen Märschen über die verfallenen Kalderimia – Eselspfade – durch stacheliges Gestrüpp und tiefen Schluchten auf seinen Spuren die fast menschenleeren und wasserarmen Waldeinöden des nördlichen Pelion erkundeten. Seither hatten wir so etwas wie ein positives Kainsmal auf der Stirn: «Ine Philo tou Alfons» - er ist ein Freund von Alfons – war das Zauberwort, das sich bei den Bauern und Fischern schnell verbreitete, Herzen und Türen öffnete und uns viel Freundlichkeiten und Wohlwollen brachte."[101] Die Persönlichkeit des Alfons Hochhauser und seine Aktivitäten sind ein gelungenes Beispiel für kulturelle Grenzüberschreitungen, in seiner Heimatkultur als «Held» und Leitbild verehrt, in der fremden Kultur akzeptiert und so sehr geschätzt, dass er mit der Zeit für die Menschen der Region zu einer «lebendigen Legende» geworden war. Seine persönliche Ausstrahlung in der Region des Pilion reicht so weit, dass sie den wandernden Jugendgruppen die Herzen der Einheimischen öffnet. Der Roman von Kostas Akrivos hat dafür in der heutigen Zeit nach einigen Jahrzehnten, 1981 ist Hochhauser im Pilion gestorben, auch seinen Anteil geleistet.

Inzwischen dokumentieren Webseiten auf Deutsch und Griechisch sein Leben, enthalten zahlreiche Dokumente verschiedenster Art von Zeitzeugen, Tagebücher, Aufsätze, Zeitungsartikel und Filme und zahlreiche Links.[102] Das griechische Fernsehen ERT 1 zeigte vor drei Jahren einen 45minütigen Dokumentarfilm über Alfons Hochhauser unter Mitwirkung den Schriftstellers Kostas Akrivos. In den Publikationen der bündischen Jugend sind zahlreiche Fahrten der letzten Jahre ausführlich dokumentiert. In der Zeitschrift Arbeitsblätter 92 wird eine Reise in den Pilion auf den Spuren von Werner Helwigs

---

[101] Ebenda S. 21

[102] Siehe: www.alfons-hochhauser.de

„Raubfischern in Hellas" ausführlich mit sehr viel Hintergrundmaterial zu Helwig und Hochhauser auf über 75 Seiten dokumentiert.[103] In späteren Publikationen erscheinen weitere Beiträgen zu den Fahrten auf den Spuren von Werner Helwig und Alfons Hochhauser der folgenden Jahre. [104]

Zum hundertsten Jahrestag des «Ersten Freideutschen Jugendtages» auf dem Hohen Meißner in Nordhessen wurde vor zahlreichen Jugendlichen aus dem Buch von Kostas Akrivos vorgelesen. In verschiedenen Zeitschriften der bündischen Jugend wurde sein Roman ausführlich rezensiert. In einer Rezension unter dem Titel «Werner Helwigs Raubfischer neu beschrieben» heißt es: „ Jetzt liegt in deutscher Übersetzung ein Buch des griechischen Schriftstellers Kostas Akrivos vor, in dem das Leben des Alfons Hochhauser in seinen Aufbrüchen und lebensreformerischen Versuchen, aber auch in seinen Enttäuschungen sehr einfühlsame erzählt wird, mit vielen Aussagen von Zeitzeugen, Ausschnitten aus Briefen

---

[103] Arbeitsblätter 92. Auf den Spuren von Werner Helwigs „Raubfischern in Hellas". Aachen 2006 Hrsg. Michael Kohlhase

[104]Siehe die Reisebeschreibungen in den Heften Der Zeitung Deutsche Freischar: Nr. 2 2006, Nr. 2 2008 und Nr. 2 2009, sowie den Reisebericht, Die Kentauren. Eindrücke einer Pilionfahrt im April 2009. In: http://home.arcor.de/rover/pelion 2009 pdf

und Dokumenten. Der Verfasser nennt sein Werk Roman, weil darin zugleich beschrieben wird, auf welchen Wegen er sich der Biographie des «Helden», den er eben nicht als heldische Figur darstellt, näherte und wie dies die Welt seiner eigenen Gefühle reicher gemacht hat. Nebenbei gibt das Buch viele Einblicke in die gegenwärtige Alltagskultur der griechischen Gesellschaft.“[105]

In einer weiteren Rezension wird die literarische Verarbeitung der Biographie des Alfons Hochhauser in Romanform durch den Autor Kostas Akrivos verteidigt und gerechtfertigt: „Der Autor nennt es hingegen einen Roman und das nicht von ungefähr. Sein umfangreiches dokumentarisches Material aus Selbstzeugnissen, Briefen, Tagebüchern, Aufsätzen, Zeitungsartikeln, Informationen aus dem Internet und Interviews griechischer Zeitzeugen ist eingebettet in das spannende Abenteuer seiner Recherchen. Und dabei tritt nicht nur die schillernde Person Hochhausers immer deutlicher hervor, auch die widerstrebenden Gefühle und Gedanken des ermittelnden Journalisten und Ich - Erzählers sind Teil der dramatischen Handlung.“[106]

---

[105] Arno Klönne, Werner Helwigs „Raubfischer“ neu beschrieben. In: Zeitung Deutsche Freischar.   Heft 2 2012 S. 51

[106] Dieter Harsch, Alfons Hochhauser im Mythendickicht des Pelion. In: Köpfchen. Ausblicke – Einblicke – Rückblicke. Heft 1/2 Mai 2014 S. 26

Die soziokulturellen Hintergründe der Jugendbewegung

Hochhauser und die literarische Verarbeitung seines Lebens in den Griechenlandromanen[107] sind aus dem Gedankengut der Jugendbewegung, wie wir in unserer vergleichenden Untersuchung darzulegen versucht haben, zu verstehen. Abschließend wollen wir den soziokulturellen Kontext darstellen, aus dem die Jugendbewegung entstanden ist.

„Das Deutsche Reich, 1871 auf den Schlachtfeldern Frankreichs gegründet, war ein Bündnis deutscher Fürsten, gestützt auf die preußischen Waffen, legitimiert durch den Jubel deutschen Bürgertums des nationalgesinnten, das 1848 vergeblich versucht hatte den deutschen Nationalstaat auf der Grundlage von Volkssouveränität und Menschenrechten zu begründen, und das

---

[107] Bisher haben wir uns nur auf den ersten Roman der Griechenlandtrilogie die Hochhausers Leben im Pilion literarisch verarbeitet, bezogen. Nach den „Raubfischern in Hellas" erschien 1941 „Im Dickicht des Pelion" und 1953 „Reise ohne Heimkehr". Siehe dazu Erik Martin, Die Griechenland – Romane. In: Muschelhaufen Heft 26 1988 S. 4 - 11

jetzt den Traum vom Staat aller Deutschen durch Bismarcks Machtpolitik verwirklicht sah."[108]

Nach dieser Reichsgründung nahmen die Industrialisierung und die allgemeine wirtschaftliche Entwicklung Deutschlands einen rasanten Aufschwung. Das Reich entwickelte sich in kürzester Zeit von einem Agrarstaat mit beschaulichen Residenzstädtchen zu einem industriell und großstädtisch geprägten Land. Gab es 1871 nur vier Großstädte mit einer Bevölkerung von über 100 000 Einwohnern, so waren es 40 Jahre später schon 48, und über 21% der Bevölkerung lebte in Großstädten. [109]

Hinter diesen wenigen statistischen Angaben verbirgt sich ein rapider sozialer Wandel, der die alten gewachsenen traditionellen Lebensverhältnisse verdrängt und auch teilweise zerstört hatte. Die Industrialisierung reglementierte durch neue Arbeitsformen und Arbeitsverhältnisse das Leben der Menschen, das zusätzlich noch durch die alle Bereiche des Lebens umfassende Militarisierung geprägt wurde. Heinrich Mann gibt in seinem

---

[108] Hagen Schulze, Kleine Deutsche Geschichte. München 1998 (C.H. Beck) S. 129

[109] Hans-Peter Ullmann, Das Deutsche Kaiserreich 1871 -1918. Frankfurt am Main 1995 (Suhrkamp) S. 105ff

Roman „Der Untertan" in dem Charakter des Protagonisten Diederich Heßling ein repräsentatives Bild des Untertanen als Sinnbild des Wilhelminismus.[110]

An die Stelle der alten traditionellen Lebensformen und Werte traten nun unpersönliche, auf rechenhafte Verwertung und materielles Wachstum basierende Prinzipien der Industrialisierung, die die menschlichen Beziehungen parzellierte. Die Organisierung großer und unpersönlicher Verwaltungsstrukturen minderte die bisher herausgehobene Position der Angestellten. Mit dem Aufkommen des Industrie- und Besitzbürgertums verlor das traditionelle Bildungsbürgertum im Bildungssystem und der Verwaltung an Einfluss und Status. Dieses Beziehungsgeflecht stellt Theodor Fontane in seinem Roman „Frau Jenny Treibel" in der Gegenüberstellung von Bildungs- und Besitzbürgertum dar.[111]

Diese Veränderungen führten zu weitgehenden sozialen und normativen Verunsicherungen. Auf dem Hinter-

---

[110] Heinrich Mann, Der Untertan. Leipzig 1918 (Kurt Wolff- Erstausgabe)

[111] Theodor Fontane, Frau Jenny Treibel. Berlin 1892 (F. Fontane & Co. – Erstausgabe)

grund dieser Veränderungen hatte das Buch „Gemeinschaft und Gesellschaft" von Ferdinand Tönnies [112] einen so großen Erfolg, das es die verbindlichen, personenbezogenen Strukturen einer gewachsenen Gemeinschaft den negativen Erfahrungen der oben geschilderten sozialen Veränderungen gegenüberstellte. Die Gemeinschaft wird der „anonymen" Gesellschaft gegenübergestellt. Die Gemeinschaft entwickelte sich schnell zu einem allgemeinen Bezugspunkt für die Überlegungen zur Verwirklichung eines menschlicheren, „humanen" Sozialgebildes.

„Die massenhafte Beschädigung von Identität durch Statusunsicherheit konnte durch Aufrechterhaltung überlieferter Formen und Konventionen, des privaten wie öffentlichen Lebens eine Weile überdeckt werden, aber nur um den Preis zunehmender Aushöhlung und Erstarrung. Auf der kulturellen Ebene war der Widerspruch von neuem Wirtschaftsbürgertum und dem altem Bildungsbürgertum besonders deutlich erlebbar."[113] Das neue Wirtschafts- und Besitzbürgertum war Träger

---

[112] Ferdinand Tönnies, Gemeinschaft und Gesellschaft. Berlin 1887 (Fues) Dieses Buch war das erste explizit soziologische Werk, das im Deutschen Reich erschiene ist.

[113] Hermann Giesecke, Vom Wandervogel bis zur Hitlerjugend. München 1981 (Juventa-Verlag) S. 13 Siehe auch dazu den Roman von Theodor Fontane „Frau Jenny Treibel" (siehe Fußnote 110)

neuer Werte, die vor allem mit Geld, Besitz und den Erfordernissen der kapitalistischen Wirtschaftsweise zusammenhingen. In diesem Zusammenhang spielte Bildung natürlich nur eine untergeordnete Rolle. Im Bildungsbürgertum, der Beamtenschaft in der Verwaltung und dem Bildungssystem, sowie den freien akademischen Berufen, dagegen war die Bildung ein zentraler Bezugspunkt im eigenen Selbstverständnis.

Je mehr diese sozialen Gruppen des Bildungsbürgertums gefährdet waren, oder sich gefährdet sahen, desto bezogen sie sich auf alte Werte, die es gegen die neuen Entwicklungen zu retten galt. Im Zusammenhang dieser Kulturkritik entwickelte sich der «Jugendkult». „Die Hoffnungen auf eine Erneuerung – das hieß: auf eine Restitution der alten Werte bzw. zumindest auf deren Reform – stützten sich auf die Jugend, auf ihre Spontaneität, auf ihre Offenheit und moralische Unbedingtheit."[114]

Diese Qualitäten schreibt Nietzsche in dem zehnten Abschnitt des zweiten Teils seiner „Unzeitgemäßen Betrachtungen" mit Pathos der Jugend zu, „die noch den

---

[114] Ebenda S. 13

Instinct der Natur hat."[115] Weiter schreibt er, die Jugend habe die „Begierde, selbst etwas zu erfahren und ein zusammenhängend lebendiges System von eigenen Erfahrungen in sich wachsen zu fühlen."[116] Das Andere, das Neue zu entdecken, darin liegt die „Mission jener Jugend, jenes ersten Geschlechts von Kämpfern und Schlangentödtern, das einer glücklicheren und schöneren Bildung und Menschlichkeit voranzieht, ohne von diesem zukünftigen Glücke und der einstmaligen Schönheit mehr zu haben als eine verheißende Ahnung." [117]

Jugend wird schlechthin zu einem weiten Sammelbegriff, unter dem die verschiedensten oppositionellen Bewegungen ihr Dach zu finden scheinen. In der ersten Ausgabe der 1896 mit dem programmatischen Titel gegründeten Zeitschrift „Jugend. Münchner Zeitschrift für Kunst und Leben" schreibt der Herausgeber Georg Hirth: „ Jugend ist Daseinsfreude, Genussfähigkeit, Hoffnung

---

[115] Friedrich Nietzsche; Unzeitgemäße Betrachtungen. In: Friedrich Nietzsche, Kritische Studienausgabe. Hg. Von Colli/Moninari. München 1998 Bd. 1 (dtv – de Gruyter) S.326

[116] Ebenda S. 327

[117] Ebenda S. 331

und Liebe. Glaube an die Menschen – Jugend ist Leben, Jugend ist Farbe, ist Form und Licht." [118]

Jugend hat die Symbolkraft des Unverfälschten, Ursprünglichen, Echten, kurz des nicht durch die Zivilisation des Industriezeitalters Verdorbenen. Die verschiedenen Theorien über den neuen «Jugendmythos» formulieren natürlich Erwachsene, zumeist aus dem schulischen oder universitären Bereich. Am «Fetisch Jugend» oder am «Jugendkult» formuliert die radikale kulturelle Erneuerungsbewegung zur modernen Industriegesellschaft ihre Positionen. Für die von einem ihrer Wortführer, dem Reformpädagogen Gustav Wyneken, ausgerufene Jugendkulturbewegung engagierten sich die beiden damaligen Studenten Walter Benjamin und Siegfried Bernfeld.[119] Wyneken sah Jugend als ein Lebensideal und Lebensabschnitt mit Eigenwert, der besonders prädestiniert sei für die kulturelle Erneuerung der Gesellschaft.

---

[118] Jugend Heft 1 1896 S. 2 – 5 . Zitiert nach: Baumgartner/Wedemeyer – Kolwe (Hg.), Aufbrüche, Seitenpfade, Abwege: Suchbewegungen und Subkulturen im 20. Jahrhundert. Würzburg 2004 (Verlag Königshausen & Neumann) S. 39

[119] Peter Dudek, Fetisch Jugend. Walter Benjamin und Siegfried Bernfeld – Jugendprotest am Vorabend des Ersten Weltkrieges. Bad Heilbrunn 2002

In der oppositionellen Jugendbewegung zeichneten seit Beginn des 20. Jahrhunderts zwei Hauptströmungen ab, die bei dem Treffen auf dem Hohen Meißner zum Tragen kamen und deren Gegensätze nur mit Mühe ausgeglichen werden konnten. „Die Gegensätze waren dabei so groß, dass es nur mit Mühe gelang, jene gemeinsame Formel zu finden. Sie war ein Kompromiss zwischen den beiden Hauptströmungen in der Jugendbewegung: dem konservativen, lebensreformerischen einerseits, der mit dem Wandern neue Formen der Lebensführung ….. verband, und einem schulrevolutionären, dessen bedeutendster Repräsentant Gustav Wyneken war; dieser Flügel wollte eine Jugendkultur gegen Elternhaus und Schule durchsetzen."[120]

Der Wandervogel, die eher konservative Hauptströmung innerhalb der Jugendbewegung war natürlich nicht nur eine Art «alternativer» Wanderverein für Jugendliche, sondern er hat einen wesentlichen Beitrag bei der Identitätsfindung der bürgerlichen Jugend in den krisenhaften Zeiten eines rapiden kulturellen Wandels geleistet. Und das mit einer Nachhaltigkeit, die bis in die heutige Zeit reicht. Im Fall des Alfons Hochhauser haben wir gesehen, wie sich aus diesem kulturellen Zusammenhang ein Geflecht interkultureller Beziehungen und

---

[120] Hermann Giesecke a.a. O. S. 25

Auswirkungen ergeben hat, das Deutsche wie Griechen
faszinierte und immer noch fasziniert. Der Erfolg des Romans von Kostas Akrivos in Griechenland, aber auch in
Deutschland, sowie die Neuauflage der Griechenlandtrilogie im Fischer Verlag als Taschenbuchausgaben, aber
auch als e-books.

Bibliographie

Literarische Texte:

Kostas Akrivos, Alfons Hochhauser – Der Barfußprophet von Pilion.Frankfurt am Main 2012. Größenwahn Verlag 1. Aufl. (Übersetzt von Hans – Bernhard Schlumm).

Kostas Akrivos, Die Schlange häutet sich. (gr.) Athen 2013 Metaichmio Verlag.

Walter Benjamin Briefe 1. Hrsg. Von G. Scholem und T.W. Adorno. Frankfurt am Main 1966. (Suhrkamp Verlag)

Die Hellas – Trilogie:

Werner Helwig, Raubfischer in Hellas. Leipzig 1939 (J. Asmus Verlagim) (Es folgten insgesamt 19 Auflagen in verschiedenen Verlagen, 1991 im Reclam Verlag Stuttgart UTB 8684 und 2016 eine Taschenbuchausgabe im Fischer Verlag).

Werner Helwig, Im Dickicht des Pelion. Leipzig 1941. (J. Asmus Verlag) (Es folgten insgesamt fünf Auflagen und 2016 eine Taschenbuchausgabe im Fischer Verlag).

Werner Helwig, Reise ohne Heimkehr. Hamburg 1953. (Claasen Verlag) (Es folgten zwei weitere Auflagen und 2016 eine Taschenbuchausgabe im Fischer Verlag).

Werner Helwig, Auf der Knabenfähre. Bad Godesberg 1953. (Voggenreiter Verlag)

Werner Helwig, Die Blaue Blume des Wandervogels. Erweitere Neuausgabe. Heidenheim an der Brenz 1980 (Südmarkverlag).

Werner Helwig, Die Parabel vom gestörten Kristall. Mainz 1977 (Hase & Koehler Verlag)

Umfassende Werkverzeichnisse bieten:

Richard Bersch, Pathos und Mythos. Studien zum Werk Werner Helwigs mit einem bio-bibliographischen Anhang. Frankfurt-Bern- New York –Paris 1992 (Peter Lang Verlag)

Und:

Erik Martin (Hg.) Muschelhaufen Nr. 45 mit Sonderteil: Werner Helwig zum 100. Geburtstag. Viersen 2005

Hermann Hesse, Drei Geschichten aus dem Leben Knulps. In: Hermann Hesse, Gesammelte Werke Bd. 4. Frankfurt am Main 1970 (Suhrkamp Verlag)

Ernst Kreuder, Die Gesellschaft vom Dachboden. Reinbek bei Hamburg 1946. (Rowohlt Verlag).

Friedrich Nietzsche, Unzeitgemäße Beobachtungen. In: Kritische Studienausgabe Bd. 1. Hrsg. Von G. Colli und M. Montinari. München 1988. (dtv – de Gruyter)

Sekundärliteratur

J. Baumgartner/B. Wedemeyer-Kolwe (Hg.), Aufbrüche-Seitenpfade-Abwege. Suchbewegungen und Subkulturen im 20. Jahrhundert. Würzburg 2004 (Königshausen & Neumann)

Reinhold Baumstark, Das neue Hellas. Griechen und Bayern zur Zeit Ludwig I. München 1999 (Hirmer Verlag)

Beiküfner/Siebenpfeifer (Hg.), Zwischen den Zeiten. Junge Literatur in Deutschland von 1933 – 1945. Berlin 2000 (Edition Lotos)

Richard Bersch, Pathos und Mythos. Studien zum Werk Werner Helwigs mit einem bio-bibliographischen Anhang. Frankfurt am Main-Bern-New York-Paris 1992. (Peter Lang Verlag)

Edit Brozinsky- Schwabe, Interkulturalität. In: Reuter/Lüdemann (Hg.), Glossar Kulturmanagement. Wiesbaden 2011. (Verlag Springer).

Peter Dudek, Fetisch Jugend. Walter Benjamin und Siegfried Bernfeld – Jugendprotest am Vorabend des Ersten Weltkriegs. Bad Heilbrunn 2002. (Klinkhard)

Wilfried Ferchhoff, Jugend an der Wende des 20. Jahrhunderts. Lebensformen und Lebensstile. Opladen 1993 (Leske).

Hermann Giesecke, Vom Wandervogel bis zur Hitlerjugend. München 1981. (Juventa).

Fragen n die Deutsche Geschichte. Wege zur parlamentarischen Demokratie. Katalog zur historischen Ausstellung im Deutschen Dom in Berlin. Bonn 2000. (Varus Verlag).

Johannes Graf, Die notwendige Reise. Stuttgart 1995

Christoph Hauser, Anfänge bürgerlicher Opposition. Philhellenismus und Frühliberalismus in Südwestdeutschland. Göttingen 1990 (Vandenhoeck & Ruprecht).

D.Heinböckel/M. Weinberg, Interkulturalität als Projekt. In: Zeitschrift für interkulturelle Germanistik. 5 Jhrg. 2014 Heft 2.

Ulrich Hermann (Hg.), Mit uns zieht die neue Zeit – Der Wandervogel in der deutschen Jugendbewegung. München 2006. (Juventa)

Michael Hofmann, Interkulturelle Literaturwissenschaft. Paderborn 2006. (Fink).

M. Hofmann/Julia-Karin Patrut, Einführung in die interkulturelle Literatur. Darmstadt 2015 (Wissenschaftliche Buchgesellschaft).

G.Ihle/G. Köhler (Hg.), Der Wandervogel – Es begann in Steglitz. Berlin 1987 (Stapp Verlag).

A. Kertscher/H.-B. Schlumm (Hg.), Deutsche Sputen in Griechenland. Der Beitrag der deutschen Einwanderung im 19. Jahrhundert zur Entwicklung Griechenland. Erscheint im März 2017 im Verlag der Athener Zeitung.

Arno Klönne, Jugendliche Opposition im „Dritten Reich". Erfurt 2013 (Landeszentrale für politische Bildung).

Achim Landwehr, Diskurs und Diskursgeschichte. In: www.docupedia.de

Walter Laqueur, Die deutsche Jugendbewegung. Eine historische Studie. Köln 1962

Robert Landmann, Ascona – Monte Verità. Auf der Suche nach dem Paradies. Frankfurt am Main-Berlin-Wien 1979. (Ullstein Verlag)

W. Mogge/ J. Reulecke, Hoher Meißner 1913 – Der Erste Freideutsche Jugendtag in Dokumenten, Deutungen und Bildern. Edition Archiv der deutschen Jugendbewegung Bd. 5 Köln 1988 (Verlag Wissenschaft und Politik).

Armin Mohler, Die konservative Revolution in Deutschland 1918 – 1932. Grundriss ihrer Weltanschauungen. Köln 1962.

Ursula Prause, Werner Helwig – ein zurückgekehrter Sohn der Stadt Hanburg. In: www.wernerhelwig.de

Ursula Prause, Werner Helwig – eine nachgetragene Autobiographie. Bremen 2014. (edition lumiére).

Hagen Schulze, Kleine deutsche Geschichte. München 1998. (C.H. Beck)

Wolf Seidel, Bayern in Griechenland. München 1965. (Süddeutscher Verlag).

Theano Traka, Griechenland und der griechische Unabhängigkeitskampf im Spiegel der deutschsprachigen Unterhaltungsliteratur der 20er Jahre des 19. Jahrhunderts (gr.). Korfu 2012.

Alexander Thomas, Das Eigene, das Fremde, das Interkulturelle. In: Thomas/Kienast/Schroll-Machl (Hg.), Handbuch interkultureller Kommunikation Band 1. Göttingen 2005.

Hans – Peter Ullmann, Das deutsche Kaiserreich 1871 1918. Frankfurt 1995 (Suhrkamp)

Heinrich August Winkler, Der lange Weg nach Westen. Deutsche Geschichte 1806 – 1933. München 2000. (C. H. Beck).

Anhang

Auszüge aus dem Tagebuch von Klaus Konrad Knopp zu einer Griechenlandreise aus dem Jahre 1958 auf den Spuren von Werner Helwig und Alfons Hochhauser.

Samstag den 30.8.58

Wir warteten lange auf unser Frühstück. So gingen wir wieder in den heißesten Teil des Tages hinein. Unser Ziel war Κεραμηδη. In der größten Mittagshitze kommen wir an eine saubere Steinhütte, wo wir zunächst Wasser tankten, dann nach Herzenslust Feigen fraßen. Im Schatten verbrachten wir den Mittag, vor allem auch, weil es dem Helmut sauschlecht war. Von hier war der Ort nicht mehr weit. Im Ort hauten wir uns auf einer Terrasse in bequeme Stühle und bestellten direkt 7 Abendessen. Nach dem Essen zogen draußen Woken auf und die Dorfbewohner boten uns den um die Kirche laufenden Gang zur Schlafstätte an. Vor dem Abendessen gesellte sich übrigens ein mann zu uns, der, da er 1917 – 1918 in Deutschland war, etwas Deutsch sprach. Wir kamen auf Alfonso und Xenophon zu sprechen. Er sagte, Alfonso sei augenblicklich hier und Xenophon lebe noch hier als Fischer. Weiter sollte Alfonso hier eine Frau haben. Wir zeigten ihm das Buch und sein Bild. Sebius ließ sich die Adresse von Xenophon aufschreiben. Am Abend becherten wir noch bis 11 Uhr und hauten uns dann neben die Kirche.

Sonntag 31.8.58

[………………] Wir hielten einen Laster an. Der fuhr uns zu einem Ort, von dem aus man Kuluri mit dem Boot erreichen konnte. Unterwegs luden wir etwas Holz. Als wir in der kleinen Bucht, in der nur einige kleine Fischerhäuser standen, angekommen waren, fragten wir nach einem Boot. Für 80 Drachmen sollten wir am nächsten Morgen nach Kuluri gerudert werden. Brot und Weintrauben bekamen wir geschenkt. Vor dem Abendessen sangen wir mit den Leuten, während die Schnapsgläschen kreisten. Am Lagerfeuer lasen wir helwig und unterhielten uns über ihn. [….].

Montag 1.9. 58

[.......] Am Nachmittag bekamen wir Bescheid, dass wir einsteigen sollten. Es wurde eine tolle Fahrt mit Singen und lebhafter Unterhaltung. Mit dem Chanson „Il était un …" fuhren wir in die Bucht von Kuluri ein. Die Bucht lag ganz toll gegen die Sicht vom offenen Meer geschützt. Am Berghang standen die Ruinen der Hütte von Xenophon. [.....]

Diese Aufzeichnungen stammen von unseren 2014 verstorbenen Kollegen Klaus Konrad Knopp. Diese Griechenlandfahrt hatte er als 15jähriger mit fünf gleichaltrigen und einem älteren Gruppenführer im Rahmen der bündischen Jugend unternommen.